安阳师范学院甲骨文研究院
甲骨学与殷商文化研究丛书

郭旭东 ◎ 主编

甲骨卜辞菁华

气象篇

于成龙 ◎ 著

文物出版社

图书在版编目（CIP）数据

甲骨卜辞菁华.气象篇/于成龙著.--北京：文
物出版社，2023.8
ISBN 978-7-5010-7352-8

Ⅰ.①甲…　Ⅱ.①于…　Ⅲ.①甲骨文—研究　Ⅳ.
① K877.14

中国版本图书馆 CIP 数据核字（2022）第 000518 号

甲骨卜辞菁华·气象篇

著　　者：于成龙

责任编辑：许海意
装帧设计：谭德毅
责任印制：张道奇

出版发行：文物出版社
社　　址：北京市东城区东直门内北小街 2 号楼
邮政编码：100007
网　　址：http://www.wenwu.com
经　　销：新华书店
印　　刷：宝蕾元仁浩（天津）印刷有限公司
开　　本：710mm×1000mm　1/16
印　　张：10.75
版　　次：2023 年 8 月第 1 版
印　　次：2023 年 8 月第 1 次印刷
书　　号：ISBN 978-7-5010-7352-8
定　　价：58.00 元

"四方神及四方风神"卜辞(《合集》14294)

"翌乙巳其雨" 卜辞（《合集》458 正、反）

"雨不至于夕"卜辞（《花园东》94）

"焚婞"卜辞(《合集》32301)

"子占曰：今夕雪" 卜辞（《花园东》364）

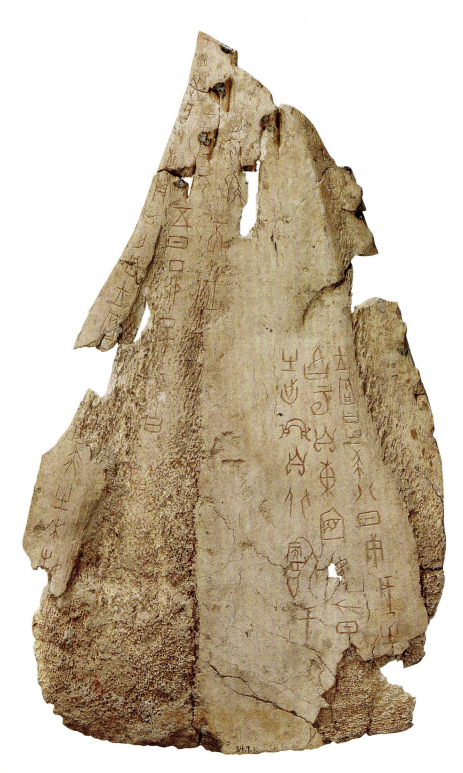

"有出虹自北饮于河"卜辞（《合集》10405）

凡 例

一、"甲骨卜辞菁华"丛书包括商王名号篇、军制篇、战争篇、气象篇、祈年篇、天神篇、梦幻篇、风俗篇、书法篇九册。每册书名采用"甲骨卜辞菁华·某某篇"形式。

二、本丛书所收录甲骨片皆精选内容重要、片形较为完整、字迹较为清晰的甲骨拓片。个别片附其彩图，部分片采用缀合后的拓片。

三、每片甲骨由整理者根据卜辞（刻辞）主旨拟定名称，具体格式为"某某"卜辞。

四、本书内有关刻辞甲骨缀合与校重的最新成果，主要依据《甲骨缀合集》《甲骨缀合续集》《甲骨拼合集》《甲骨拼合续集》《甲骨拼合三集》《甲骨拼合四集》《甲骨拼合五集》《甲骨缀合汇编》《醉古集》及《契合集》等著录书籍。

五、注释部分由释文、拓片信息、辞语解析及卜辞大意组成。其中，释文以竖排简体形式列于篇名之侧；拓片信息简略介绍所选甲骨片的分期、原拓藏信息；辞语解析以条目形式，对释文中的重点字词、语法特征及重要历史人物、典章制度等进行简略注释；卜辞大意则是阐述所选相关卜辞的主旨大意，部分卜辞附有相关背景知识的介绍。

六、释文加现代标点，以保证文本的可读性。卜辞中的常见字原则上使用简体中文；部分罕见字为保持原字形架构使用繁体字；而难以隶定之字，则采用原甲骨字形标示。

七、对于原甲骨片中字迹磨灭、缺失及模糊难以隶定的情况，释文中以一"□"标示一字，以"☒"标示甲骨残缺致字数不确定者。凡残缺但能据上下文意补定之字，在补定的文字外加"[ ]"标示，刻辞中随文以括号"（ ）"注明异体字、通假字及古今字。

八、丛书所选刻辞甲骨分别采自《甲骨文合集》《英国所藏甲骨集》《甲骨文合集补编》《小屯南地甲骨》《殷墟花园庄东地甲骨》与《小屯村中村南甲骨》等，正文中可用著录简称，每册后则附录有"甲骨文著录简称与全称对照表"。

九、丛书甲骨文分期采用董作宾先生的五期断代法，具体如下：第一期，商王武丁及其以前（盘庚、小辛、小乙）；第二期，商王祖庚、祖甲；第三期，商王廪辛、康丁；第四期，商王武乙、文丁；第五期，商王帝乙、帝辛。

十、本书"辞语解析""卜辞大意"模块中参考和采用已有的甲骨学研究成果，采用文末注注明。

前　言

　　风雨雷电、冰霜雪雹，亦或雾霭虹霓，凡此大气的不同状态，在日月轮转中，周而复始，循环往复。伴随春、夏、秋、冬四季更替，人们沐风栉雨，亦在感知自然的喜怒哀乐。万千气象，生生不息，直接造就了人类历史。造化弄人，遥想3000多年前的商王朝，那时的人们曾经历怎样的风雨雷电？当时的天空也似今日云卷云舒？

　　商王朝，大约开始于公元前1600年，至公元前11世纪中期被西周王朝更替；上承于夏，下启于周，在古代中国早期王朝形态的构建过程中至为关键。1899年之前，人们对于殷商社会的了解，主要寻绎于古代文献；然而诸如《尚书》《诗》《左传》《国语》《竹书纪年》及《史记·殷本纪》等少数典籍有关记述，仅存留区区5000字，简略概述商人兴衰，商先公、商王世次与名号，都城迁徙及一些重要史事，未对这一历史时期的气象状况有所记录。《太平御览》卷八七七"咎征部四"引《尚书中候》云："殷纣时，十日雨土于亳，纣竟国灭。"[①]《尚书中候》成书于汉代，乃谶纬之书，叙述古代帝王的符命瑞应，荒诞至极，文中所言殷纣时发生"霾"之气象不足为信。又《吕氏春秋·顺民》载，商汤时"天大旱，五年不收。汤乃以身祷于桑林"，且"以身为牺牲，用祈福于上帝。民乃甚说，雨乃大至"，旨在美化商汤，所云更属无稽之谈。

　　清光绪二十五年，己亥（1899年），殷墟出土甲骨文始为世人发现、认识，石破天惊；历年出土的殷商王朝刻辞甲骨多达16万片，其上所契刻"甲骨文"内容异常丰富，堪称"商代百科全书"，其中涉及大量气象实时记录。1928年10月，中国近代考古工作者开始对殷墟进行田野发掘；90余年来，殷墟考古工作成就斐然，已发现众多动物、植物遗存，土壤中亦记录可资参照的磁化率信息及植物孢粉信息。凡此种种，为复原商代安阳地区的气象状况及生态环境提供了前所未有

---

① 《太平御览》，中华书局，1998年影印本，第四册，第3896页。

的科学依据。殷墟以西姬家屯遗址下伏生土中，含有现今主要分布于中亚热带的山核桃与可分布至北亚热带的常绿栎花粉，证明该地曾属于中全新世亚热带北缘古气候区。近年，中国社会科学院考古研究所从殷墟遗址晚商地层中收集一批植物种子，经中国科学院植物研究所鉴定，除粟、小麦、黍等农作物种子外，另有蓼属、莎草属、菟丝子属、藜属、狗尾草、马齿苋、李属种仁（杏仁或山桃仁）及禾本科等植物种子；其中莎草属、蓼属等皆属温带或热带生长于潮湿沼泽地、水沟或田间路边的草本植物。1990年安阳郭家庄M160发现一件以细竹蔑编织的小竹篓，且殷墟出土动物群中存在竹鼠，此是商代安阳地区产竹之证。与竹鼠共同被发现的貘、肿面猪、獐、圣水牛及印度象等，亦皆为南方热带森林之种群。凡此殷墟田野考古发掘，证明商代安阳地区属于中全新世亚热带北缘古气候区[1]。

1944年甲骨学家胡厚宣发表《气候变迁与殷代气候之检讨》一文，分类梳理殷墟出土甲骨文所载气象记录，发凡起例。[2]1972年气象学家竺可桢发表论文《中国近五千年来气候变迁的初步研究》，与胡厚宣氏文可为互鉴。[3]综合殷墟出土甲骨文有关记载、殷墟田野考古发现的动植物群遗存，我们大体可以描绘商代安阳地区的气候状况：商代安阳地区正月平均气温比现在高3~5℃，年平均气温比现在高2℃；当时，这个地区生长着丰富的亚热带植物种类与动物种类，"与今日长江流域的气候约略相当"。同时，科学揭示殷墟出土甲骨文记录，商代安阳地区的万千气象——风雨雷电、冰霜雪雹、雾霭虹霓，一帧帧如实而生动的画面跃然展现在我们眼前。

殷墟出土甲骨文记录"风""雨""雷""雪""雹""雾""霾"以及"虹""阴""易日""晕"等众多气象状况，且有些刻辞所描绘的天气变化异常详细，生动具体，由此亦清晰反映出商人经过长期生产、生活实践，对大气变化规律的感知与掌握。回溯往昔，筚路蓝缕。几代学人为殷墟出土甲骨文释读及商代气象状况探索凿破鸿蒙，荦荦大端，构筑了我们赖以深入研究的基石。近年，殷墟田野考古工作中发现的气象材料及刻辞甲骨日渐增多，有关殷墟出土甲骨文的释读亦有突破，更有助于商代气象的深入研究。

---

① 中国社会科学院考古研究所：《中国考古学·夏商卷》，中国社会科学出版社，2011年，第286~289页。

② 胡厚宣：《气候变迁与殷代气候之检讨》，《甲骨学商史论丛》初集，1944年。

③ 竺可桢：《中国近五千年来气候变迁的初步研究》，《考古学报》1972年第1期。

殷墟田野考古工作中出土的动物、植物群遗存及记录在土壤中的磁化率信息与植物孢粉信息，无疑是重塑商代安阳地区气象及生态环境的基础，亦为进一步研究勾勒了基本的时空框架。殷墟出土甲骨文中的气象记录，或"骤风"乍起，或"大雨"倾泻，或雾起云涌，或虹霓隐现，或雨雪交加，生动具体，且与时月、时日联缀，是目前学术界洞察商代安阳地区每月气象状况及填补气象时空框架空白的可信数据。对商代安阳地区的气象研究而言，田野考古工作与甲骨文专项研究，两者互为补充，不可偏废。本书所述以殷墟出土甲骨文为基本材料，对于其中所载有关商代安阳地区的气象状况试作分类梳理，并参照目前动植物考古学的最新研究成果，聊且视为对此前有关学术研究的简略回顾。囿于学力，容有未当。暂藉以抛砖引玉，期待学术界投入更多关注。综合动植物考古学、甲骨学及气象学等众多学科，共同进行大型课题研究，应是未来商代气象研究寻求突破之路；如此，每一分支学科理应夯实基础，而学人亦当各尽其力。

目　录

一

风

『四方神及四方风神』卜辞

东方曰析，风曰劦；
南方曰因，风曰岂；
[西]方曰韦，风曰彝；
[北方曰]勹（伏），风曰殴。

商王武丁时期
《合集》14294
现藏于中国国家图书馆

辞语解析

风 字作""形，是凤鸟之象形，假借为"风"，或增加声符"凡"，构形作，为形声字。《周礼·春官·大宗伯》"𩗴师"之"𩗴"，应是商代甲骨文"风"之讹变。

四方神及四方风神 此刻辞属于殷墟出土甲骨文中的记事刻辞。另有《合集》14295"四方神及四方风神"之祭祀，相互校勘，可知上辞所记"四方神及四方风神"之名互有颠倒。商人祀典中，"四方神及四方风神"当列如下：

东方曰析，风曰劦；

南方曰因，风曰党；

西方曰彝，风曰彝；

北方曰勹（伏），风曰殴。

《山海经》载有"四方神与四方风神"及其职守：

［有人］名曰折丹，东方曰折，来风曰俊，处东极以出入风。（《大荒东经》）

有神名曰因，因乎南方曰因，乎夸风曰乎民，处南极以出入风。（《大荒南经》）

有人名曰石夷，［西方曰夷］，来风曰韦，处西北隅以司日月之长短。（《大荒西经》）

有人名曰鹓，北方曰鹓，来之风曰狻，是处东极隅以止日月，使无相间出没，司其短长。（《大荒东经》）

《山海经》所载"四方神与四方风神"，源于商人祀典之"四方神与四方风神"。

又《尚书·尧典》记"四时"之官：

分命羲仲宅嵎夷，曰旸谷，……，厥民析，鸟兽孳尾；申命羲叔宅南交，……，厥民因，鸟兽希革；分命和仲宅西，曰昧谷，……，厥民夷，鸟兽毛毡；申命和叔宅朔方，曰幽都，……，厥民隩，鸟兽氄毛。

上列《山海经》文中"析""因""夷"与"隩"，分置东、南、西、北四方，并与春、夏、秋、冬四时相对应，与"四方神及四方风神"义亦相因，其中源流甚明。

殷墟甲骨文所载"四方神"之祭祀，或如上举商刻辞"四方神及四方风神"及占卜刻辞《合集》14295，序列"四方神及四方风神"之专名；或简称"东""南""西""北"，"东方""南方"及"四方""方"之类。商人对于"四方神"之祭祀，大多因"秦年""秦雨""宁风""宁雨"及"宁疾"而举，祈求风调雨顺、收获丰年，并禳夺疾病。在商人祀典中，"风神"为四方之神所统属。

同时，商人"四方神"之祭祀，或如商卜辞《合集》14315"燎东、西、南，卯黄牛"，予以合祭；或如《合集》14314"燎于东三豕、三羊，困犬，卯黄牛"，仅祭某一方神，显示出时人对于"四方神"各自职掌区域之认知。此外，殷墟甲骨文有关"四方神"之祭祀，如占卜刻辞《合集》11018正"燎于土牢，方帝"、《合集》12855"方帝三豕又犬，卯于土牢"所载，常与"土"并行，此与《诗·小雅·甫田》所载"以社以方"相同，可见商、周祀典之因袭。

本辞"四方神及四方风神"，结合其他有关占卜刻辞，清晰反映出商人经过长期生产、生活实践已经感知：伴随春夏秋冬四季的变迁，自然界的风向及物候亦相应呈现出不同变化。

卜辞大意

该骨正面现存4行24字刻辞，内容是商人祀典中的重要神主——"四方神"及"四方风神"。[①]商代甲骨文中常见因"秦年""秦雨""宁风""宁雨"及"宁疾"等事由而向"四方神"及"四方风神"举行祭祀。《山海经》载"四方神与四方风神"，《尚书·尧典》记"四时"之官，两者均源于商人祀典中的"四方神及四方风神"，源流分明，由此可以纵观我国古代对于"四方"与"风"的认识。

---

① 有关"四方神及四方风神"之考释，可参见：胡厚宣《甲骨文四方风名考》，《责善半月刊》第2卷第19期，1941年；胡厚宣《甲骨文四方风名考证》，载《甲骨学商史论丛》初集，1944年；胡厚宣《释殷代求年于四方和四方风的祭祀》，《复旦学报（人文科学）》1956年第1期，第49～86页；杨树达《甲骨文中之四方风名与神名》，载《积微居甲文说·卜辞锁记》，中国科学院，1954年，第52～57页；陈梦家《殷虚卜辞综述》，中华书局，1992年，第582～594页；李学勤《商代的四方与四时》，《中州学刊》1985年第5期，第99～101页。

「大骤风」卜辞

癸卯卜，争贞：旬亡（无）囚？甲辰☐大骤风，之夕皿乙巳☐逸［十又］五人。五月才［敦］。

甲骨卜辞菁华·气象篇

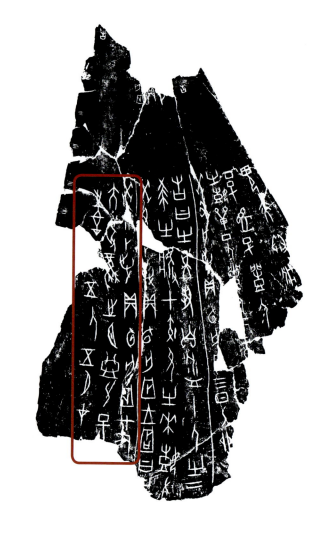

商王武丁时期

《合集》137正、反

现藏于中国国家博物馆

辞语解析

卜　字作"Ⴤ"形。商人占卜，是通过烧灼龟甲及兽骨反面钻、凿，对应龟甲、兽骨正面即遇热爆裂，且呈现"卜"状裂纹，亦即所谓兆。问卜者依据卜兆对所占问事项吉凶作出判断，此即《史记·龟策列传》之"灼龟观兆"。"卜"，即卜兆纵横之象，商甲骨文中大多用为动词，意为占卜。同时，"卜"或用作内外之"外"。① 上列刻辞"癸卯卜"，意即癸卯日举行占卜。

贞 字作"鼎𠂤"等形，是鼎之象形，在商甲骨文中假借用为动词"贞"，辞意即《说文解字》所云"贞，卜问也"。"贞"，在卜辞中引领"命辞"，即占问事项。"贞"前的"争"，是商王室负责占卜事务的贞人姓氏。② "争贞"，即"争"负责本次占卜事务。据商甲骨文，贞人既职司王室占卜，又从事其他王事，且不同王世分别拥有不同贞人集团，由此，贞人可作为商甲骨文分期断代的重要依据。1929年秋季，中央研究院历史语言研究所进行第3次殷墟考古发掘，获得"大龟四版"。董作宾受此启示，首次提出"贞人"说，并于1933年在其所著《甲骨文断代研究例》中将"贞人"正式作为甲骨文分期断代重要标准之一。③ 上列刻辞"癸卯卜，争贞"，记录该次占卜时间（癸卯）与贞人（争），学术界将其称为"叙辞"。

旬无囚 "囚"，字早期作"囚""𡆥"形，象占卜所用兽类肩胛骨面呈现卜兆之状；商王帝乙、帝辛时期，该字作"𡆥"形。学术界对于"囚"的释读至今尚未达成一致意见。郭沫若、胡厚宣、陈梦家认为应读为"祸"，唐兰主张读为"咎"，裘锡圭则倾向读为"忧"。尽管存在如此差异，但学术界一致公认，"囚"于商甲骨文中用以表示灾祸之义。"旬无囚"作为该次占卜占问事项，在商卜辞中最为习见，辞意在即将来临的十日之内是否将有灾祸发生。④ 学术界将其称之为"命辞"。

大骤风 "㪔"，字作"㪔""㪔"形，象以两手捪耳之状，本辞读为"骤"。"大骤风"，商甲骨文中习见，是用以形容风势的恒语。《老子·道经》第二十三章语"骤雨不终日"，河上公注云："骤雨，暴雨也。"《诗·邶风·终风》句"终风且暴"，毛传："暴，疾也。"古"骤""暴"同训，故"大骤风"意即"大暴风"。⑤

上列刻辞"甲辰☒大骤风"，是癸卯日占卜事后对于该次占卜是否灵验的追述补记，学术界将其称为"验辞"。本辞记载占卜日癸卯次日甲辰发生"大骤风"。其他如《合集》13359"壬寅卜：癸雨，大骤风"，占问次日是否会发生"大骤风"。此外，又如《合集》13365、《英藏》1096所载之"骤风"。由此可知，诸如"大骤风""骤风"之类极端天气，已严重影响当时的生产、生活，故引起商人的高度关注。

卜辞大意

　　卜骨正反面契刻商王武丁时期一位名"争"的贞人分别于癸卯、癸丑与癸未三日所作的占卜记录，占卜刻辞较为完整，字口涂朱，占问事项为卜旬，即占问在即将来临的十日之内是否会有灾祸发生。[6]其中癸丑、癸未两日占卜皆是由商王武丁亲自占断。据癸卯日占卜记录验辞，在占卜次日甲辰发生大暴风。

---

① 有关"卜"之考释，可参见于省吾主编《甲骨文字诂林》（中华书局，1999年）第四册第3415～3422页与何景成编撰《甲骨文字诂林补编》（中华书局，2018年）第865～866页之3348辞条所引诸家论述。

② 有关"贞"之考释，可参见《甲骨文字诂林》第三册第2718～2730页与《甲骨文字诂林补编》第654页之2746辞条所引诸家论述。

③ 王宇信、杨升南主编《甲骨学一百年》，社会科学文献出版社，1999年，第137～149页。

④ 有关"囚"之考释，可参见《甲骨文字诂林》第三册第2158～2172页与《甲骨文字诂林补编》第539～541页之2240辞条所引诸家论述。

⑤ 有关"大骤风"之考释，可参见于省吾《甲骨文字释林》（1999年）第11～13页；《甲骨文字诂林》第一册第656～657页之0688辞条所引诸家论述。

⑥《甲骨学一百年》第628～636页。

『翌乙酉其风』卜辞

1 甲申卜，殻贞：翌乙酉其风？

2 翌乙酉不其风？

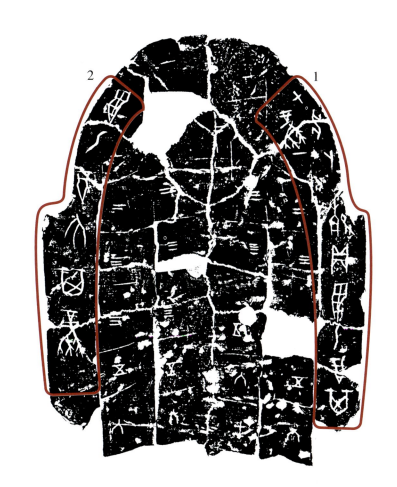

商王武丁时期

《合集》13333

现藏于台北"中央研究院"历史语言研究所

辞语解析

翌 字作"𠄞"形，象鸟翼之形；或又增加"日"符，作"𣃚"；或又从"立"作"𩔰"。"翌"，或用作祭名，为商"周祭"五种祀典之一；或用以指示将来时间，大多指次日，或第三日、第四日，距当下时间较近，大多不超出十日之内。东汉许慎《说文解字》云："昱，明日也。""昱"即"翌"，典籍之中多做"翌"或"翼"。上列"翌乙酉其风"之"翌"，以辞中纪日干支推算，当指次日。①

不 字作"㞢""㞢"形，象草木根系之形。或作为人名、方国名，或如于上辞"不其风"假借作为副词，表示否定。②

其 字作"㠯"形，即"箕"之象形，假借用作语气词。清王引之《经传释词》云："其，犹将也。"商代甲骨文中，"其"即用此义，如上列"其风"，义即将起风。《诗·邶风·蝃蝀》："朝隮于西，崇朝其雨。"又《卫风·伯兮》："其雨其雨，杲杲出日。"两诗均出自殷商王畿故地，皆以"其"作为语气词，犹保留殷商语风。③

卜辞大意

卜甲正面契刻一条商王武丁时期一位名"㱿"的贞人于甲申日所作的占卜记录，占问事项为天气状况。该占卜以正反对贞的形式，即从正反两方面占问次日乙酉日是否起风？

① 有关"翌"之考释，可参见《甲骨文字诂林》第三册第1856～1871页之1908辞条所引诸家论述。

② 有关"不"之考释，可参见《甲骨文字诂林》第三册第2502～2511页之2516辞条所引诸家论述。

③ 有关"其"之考释，可参见《甲骨文字诂林》第三册第2807～2810页之2815辞条与《甲骨文字诂林补编》第686页之2815辞条所引诸家论述。

『其宁风于方』卜辞

癸未卜：其宁风于方，有雨？
叀（惠）甲其宁风？
叀（惠）乙宁？

一 风

商王康丁时期
《合集》30260
现藏于中国国家图书馆

辞语解析

宁风　即止息灾害之风，是商代甲骨文中一恒语及习见占卜事项，这缘于"风"对于当时人们生产、生活的重要影响。在商人祀典中，自然神祇，如上列"其宁风于方"之"方"、《合集》32301"于土宁风"之"土"及旧臣，如《合集》34151"宁风于伊奭"之"伊奭"，皆被尊奉为"宁风"之神主，具备控制"风"之神力，从中可见商人对于人与自然之间关系的理解。

方 字作"ㄓ""ㄓ"形,象耒之形。"其宁风于方"中,"方"为"宁风"之神主,亦即商人祀典中的四方之神。商人认为,东、西、南、北四方各有司职之神主,即"东方曰析""南方曰因""西方曰彝""北方曰伏"。此四方神名又见于《尚书·尧典》及《山海经》,源流甚明。殷墟甲骨文所载有关四方神之祭祀,或如上举详列神名,或简称"东""南""西""北""东方""南方"及"四方",或如上列"其宁风于方"刻辞省称为"方"。商人对于四方神之祭祀,大多因"秦年""秦雨""宁风""宁雨"及"宁疾"而举,祈求风调雨顺、收获丰年,并禳夺疾病。[①]

叀 字作"⚶""⚶"形,象纺塼之形,假借为语气词,与"隹"(惟)同义,例见《合集》10080:"贞:勿隹沚戜比? 贞:叀沚戜比。"甲骨文中"叀",后世典籍中作"惠"。《尚书·君奭》"予不惠若兹多诰"之"惠",与《尚书·酒诰》"予不惟若兹多诰"之"惟",亦即商甲骨文中"叀"与"隹"。[②]

卜辞大意

卜骨正面契刻商王康丁时期癸未日的占卜记录,占问事项为拟定向四方之神举行祭祀,祈求"宁风",即止息灾害之风,并以行求时雨,至于风调雨顺。本次占卜又相继占问所拟定的"宁风"之祭于次日甲申日举行? 还是选择后日乙酉日举行?

---

① 有关"方"之考释,可参见《甲骨文字诂林》第四册第3147~3159页与《甲骨文字诂林补编》第771~774页之3119辞条所引诸家论述。

② 有关"叀"之考释,可参见《甲骨文字诂林》第四册第2979~3001页、3007页与《甲骨文字诂林补编》第724~729页之2953、2960辞条所引诸家论述。

『今日王其田叀不遘大风』卜辞

1

壬寅卜，贞：今日王其田叀，不遘大风？
其遘大风？

2

乙卯卜，贞：□王田叀，[不遘]大[风]？
[其]遘[大][风]？

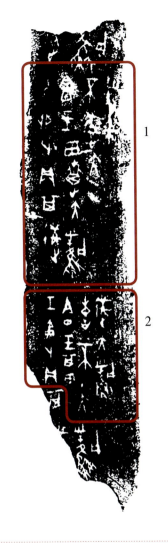

商王帝乙、帝辛时期

《合集》38186

现藏地不明

辞语解析

王 本辞之"王"，为商王帝乙或帝辛。帝乙乃商王文丁之子，商王帝辛时期青铜器四祀邲其壶与版方鼎器铭及周原卜辞中又称"文武帝乙"。帝乙崩，其子继位，是为商王帝辛，即后世所称之商纣。

田 字作"田""畕"形，象田间阡陌纵横交织之状。"田"或用作名词，为田地之"田"；或用作诸侯之称谓，即西周矢令尊及大盂鼎器铭"侯、田"之"田"，《尚书·酒诰》所谓"侯甸"之"甸"；或用为动词，辞意种田；或如本辞用为田猎义，亦即典籍中"畋"，《广韵》："畋，取禽兽也。"① 田猎是商王朝一项极为重要的活动，兼具政治、经济及军事意义，在迄今殷墟出土16万片刻辞甲骨中，有关田猎内容约4500片；占卜刻辞凡5200余条，所涉及地名多达276个，足见当时田猎之盛。②

遘 字初作"𤰔"形，后增加形符作"𤰔""𤰔""𤰔"形，为形声字。《说文解字》："遘，遇也。"上列"遘大风"，意为遭遇大风。在田猎卜辞中，占问事项主要围绕是否"无灾""遘雨"及"遘风"③。

大风 是殷墟甲骨文中形容风力的一则恒语，另有"小风""骤风"及"大骤风"等，均是用以区分风力的辞语。"风"，作为一种自然现象，风力大小对当时生产、生活均会产生重要影响。殷墟甲骨文中关于"风"的占卜记录颇多，如《合集》10131"贞兹风不惟孽"，即占问该风是否成灾。显示出商人对于"风"破坏性的极度关注。

卜辞大意

卜骨正面契刻商王帝乙、帝辛时期壬寅、乙卯两日的占卜记录，均为商王欲出行田猎而占问天气状况。其中壬寅日占卜记录是以正反对贞的形式，即从正、反两方面占问商王即将去"𤰔"地田猎的当日，④是否会遇上大风；而乙卯日的占卜记录则是以正反对贞的形式占问商王将去"𤰔"地田猎，⑤是否会遇上大风。

---

① 有关"田"之考释，可参见《甲骨文字诂林》第三册第2102～2111页与《甲骨文字诂林补编》上册第531～532页之2189辞条所引诸家论述。

② 关于田猎卜辞数目，可参见《甲骨学一百年》，第509、556页；杨升南、马季凡著《商代经济与科技》，中国社会科学出版社，2016年，第254页。

③ 有关"遘"之考释，可参见《甲骨文字诂林》第四册第3140～3146页与《甲骨文字诂林补编》第771页之3116辞条所引诸家论述。

④ 有关"𤰔"之考释，可参见《甲骨文字诂林》第四册第3004～3005页之29579辞条所引诸家论述。

⑤ 有关"𤰔"之考释，可参见《甲骨文字诂林》第一册第861～862页之0868辞条所引诸家论述。

二阴

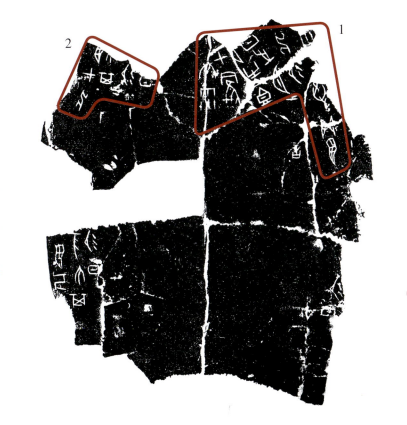

『之夕月有食甲阴不雨』卜辞

1　［癸未卜］，争贞：翌甲申易日？
　　之夕月虫（有）食，甲阴不雨。

2　翌甲申不其易日？

商王武丁时期

《合集》11483 正

现藏于台北"中央研究院"历史语言研究所

辞语解析

阴　字作"🐷""🐷"形，为形容天气状况之恒语。上辞"甲阴不雨"，《合集》20923"辛丑卜，自：自今至于乙巳日雨？乙阴不雨"，所载"阴""雨"连言，前后相次，"阴"多为"雨"之先导。本辞"易日"，亦为形容天气状况之恒语，郭沫若读为"晹"。东汉许慎《说文解字》云"日覆云暂见也"，该种天气状况即日掩于云中，倏然可见。①"阴"与"易日"，为两种不同天气状况，故于上辞中并见。②

之夕　又称"之日夕"，为纪日称谓。商人称白昼为"日"，夜晚为"夕"，"日"与"夕"组成一个完整纪日；当日称"今日"，当日夜晚称"今夕"。"之夕月出（有）食，甲阴不雨"是癸未日占卜记录之"验辞"，即占卜事后对于该次占卜是否灵验的追述补记，辞"之夕"即指占卜日"癸未"夜晚，乃相对于"今夕"而言。③

月有食　即"月食"，上列"之夕月出（有）食"，是癸未日占卜记录之"验辞"，意为占卜日癸未日夜晚发生"月食"。在现存甲骨文中，商王武丁时期宾组占卜刻辞共载五次"月食"记录，分刻在七块甲骨上，本辞即其中一例。据甲骨文，"月食"在当时被视为灾凶，即如《诗·小雅·十月之交》所谓"日月告凶"，后世典籍中亦多见此类记述。"月有食"语句结构，与《诗·小雅·十月之交》"日有食之"相同，区别在于后者加一助词"之"，从中可见商、周之间语言的传承。④

卜辞大意

卜甲正面契刻商王武丁时期一位名"争"的贞人于癸未日所作的占卜记录，主要占问次日甲申日是否将是"易日"，即有云覆日的天气。"验辞"则记载了占卜日癸未日夜晚发生"月食"，次日甲申日天气转阴，但没有降雨。

---

① 有关"易日"之考释，可参见《甲骨文字诂林》第四册第 3382～3390 页之 3328 辞条所引诸家论述。

② 有关"阴"之考释，可参见《甲骨文字诂林》第二册第 1696～1700 页与《甲骨文字诂林补编》431～433 页之 1762、1763 辞条所引诸家论述。

③ 有关商人纪日，可参见《甲骨学一百年》，第 661～664 页。

④ 有关"月食"之研究，可参见《甲骨学一百年》，第 636～647 页；《殷虚卜辞综述》，第 237～240 页。

『庚申明阴』卜辞

1 贞：翌庚申我伐昜日？庚申明阴，王来途首，雨。

2 贞：翌庚申不其昜日？

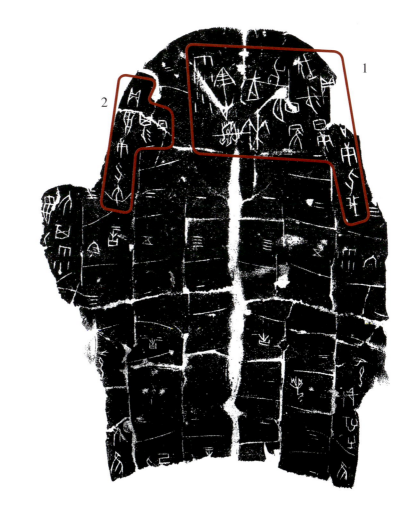

商王武丁时期

《合集》6037正

现藏于台北"中央研究院"历史语言研究所

辞语解析

明　字作"明""明"形，从月从囧，会意月光照进窗牖，[①]是商人关于一日之内时间分段的一个称谓。据商甲骨文，商人将白昼时间依次分为"旦""食日""中日""昃""郭兮"和"昏"六个时段，且在此六个时段之间还有更加细致的时段划分。其中，"旦"指天明之时。本辞"庚申明阴，王来途首，雨"，意为"庚申”日天明时，天气转阴，"明"之时段与"旦"大略相当；之后，当商王武丁返回时，开始降雨。

王来 是商周时期一习用句式，又见于《合补》11233"王来征夷方"及西周早期康侯簋器铭"王来伐商邑"等众多文献；辞中"来"用作往来之"来"，"王来"辞意商王自途首返回。

卜辞大意

卜甲正面契刻商王武丁时期由名"殻"与名"争"的两位贞人分别于己未、甲子两日所作的占卜记录，占问天气状况。其中贞人"殻"于己未日占问次日庚申举行祭祀时的天气是否为"易日"，即有云覆日的天气。据"验辞"，次日庚申天明，天气转阴，而当商王武丁返回时，开始降雨。辞中"阴"与"雨"两种气象前后相次，形象生动。

---

① 有关"明"之考释，可参见《甲骨文字诂林》第二册第1120～1121页之1154辞条所引诸家论述；李学勤主编《字源》，中册，天津古籍出版社、辽宁人民出版社，2014年，第621页。

② 姚孝遂、肖丁著《小屯南地甲骨考释》，中华书局，2004年，第137～141页；《甲骨学一百年》，第665～670页。

③ "途首"，语义不明，有关情况可参见《甲骨文字诂林》第一册第859～861页与《甲骨文字诂林补编》243～246页之0866辞条所引诸家论述。

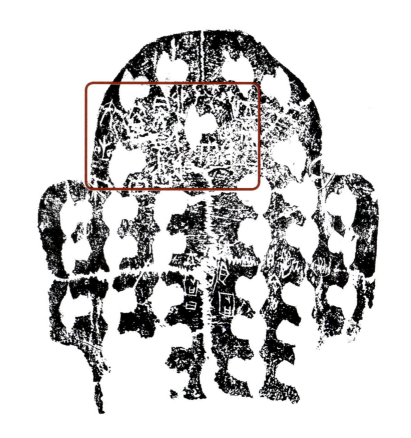

『明阴，三凸，食日大星』卜辞

王占曰：之□勿雨□卯□明阴，三凸①，食日大星。

商王武丁时期

《合集》11506反

现藏于台北"中央研究院"历史语言研究所

辞语解析

食日 是商人于一日之内用于时间分段的一个称谓。据商甲骨文，"食日"处于"旦"与"中日"之间，即日出与中午两个时段之间。

星 字初作"⋰⋰""⋰⋰""品"等形，是夜空灿烂繁星之象形；后增加声符"生"，作"⋰⋰""⋰⋰"，变为形声字。商甲骨文中，"星"有两种辞义：（一）星辰，为"星"之本义；（二）用作"晴"，此为引申义。本辞"明阴，三凸，食日大星"所记为天气状况，"大星"即"大晴"，辞意天明时转阴，而至"食日"时段则转为晴空万里。②

21

二
阴

卜辞大意

卜甲反面契刻商王武丁时期一条占卜记录的"占辞"与"验辞"，其中"明阴，三凸，食日大星"是"验辞"，记载有某日天明之时，天气转阴，而待到"食日"时段，则晴空万里。

---

① 关于"凸"之考释，可参见《甲骨文字诂林》第四册第2881～2882页与《甲骨文字诂林补编》第703～704页之2873辞条所引诸家论述。

② 有关"星"之考释，可参见《甲骨文字诂林》第二册第1106～1109页之1142辞条与1326～1327页之1382辞条；《甲骨文字诂林补编》第323～324页之1142辞条；杨树达《释星》，载《积微居甲文说》，第10～11页；李学勤《论殷墟卜辞中的"星"》，《郑州大学学报》1981年第4期；《甲骨学一百年》，第647～650页。

『昃阴于西』卜辞

〔甲寅卜〕，争贞：翌乙卯其宜，易日？

乙卯宜，允易日；昃阴于西。六〔月〕。

二
阴

商王武丁时期

《合集》13312

现藏地不明

辞语解析

宜 字作"⿱且⿰⿱"⿱⿰""⿱⿰"形，象陈肉于俎上，亦是"俎"。商甲骨文中，"宜"有两义：（一）用牲之法；（二）祭名。上辞中"宜"用作祭名，辞意为次日乙卯举行"宜"祭。[①]

昃 字作"⿰"形，会意正午过后日始偏西，人影倾斜。[②]"昃"是商人十一日之内用于时间分段的一个称谓。上列"昃阴于西"辞意"中日"正午过后，日始偏西之时，天空开始自西转阴。

允 字作"⿰"形，多见于"验辞"及"命辞"中，置于动词之前作为状语，用以加强语气，相当于"果然"。[③]本辞"乙卯宜，允易日"，意为"乙卯"日举行"宜"祭，天气果然为"易日"。

卜辞大意

卜骨正面契刻商王武丁时期一位名"争"的贞人于六月甲寅日所作的占卜记录,占卜事项为拟举行祭祀而占问天气状况。主要占问次日乙卯举行"宜"祭,是否将是"易日",即有云覆日的天气?该占卜记录之"验辞"记载次日乙卯举行"宜"祭,天气果然为"易日",午后"戻"时,即日始偏西,天空开始自西转阴。

---

① 有关"宜"之考释,可参见《甲骨文字诂林》第四册第3325～3337页与《甲骨文字诂林补编》第822页之3279辞条所引诸家论述。

② 有关"戻"之考释,可参见《甲骨文字诂林》第一册第298～301页之240词条所引诸家论述。

③ 有关"允"之考释,可参见《甲骨文字诂林》第一册第38～40页与《甲骨文字诂林补编》第5页之18辞条所引诸家论述。

『丁明阴，大食日启』卜辞

丙申卜：翌丁酉酚、伐，启？丁明阴，大食日启。一月。

二
阴

商王武丁时期

《合集》40341

现藏于英国皇家苏格兰博物馆

辞语解析

大食　是商人于一日之内用于时间分段的一个称谓。"大食"乃"食日"之异称。商甲骨文中另有"小食"，亦为时段称谓。"大食"与"小食"，分别即朝、夕两餐之时。

酚　字作"㲃"形，在祭祀卜辞中用为祭名。"酚"从西从彡，"酉"即酒，"彡"会意泼洒酒浆，用于祭祀。[①]"翌丁酉酚"，辞意为次日丁酉举行"酚"祭。

伐　字作"㐹""㐨"形，象以戈斩断人首之形。在祭祀卜辞中，皆是对"人牲"而言，意即斩首以献祭。"翌丁酉酚、伐"，辞意次日丁酉举行"酚"祭、"伐"祭[②]。

卜辞大意

卜骨正面契刻商王武丁时期一月丙申日所作的占卜记录，占问事项为天气状况。主要占问次日丁酉举行"酚""伐"两种祭祀，是否为晴日。"验辞"记载次日丁酉天明时天空为阴，稍后到了"大食"时段，天空转晴。

---

① 有关"酚"之考释，可参见《甲骨文字诂林》第三册第2702～2707页与《甲骨文字诂林补编》第646～650页之2733辞条所引诸家论述。

② 有关"伐"之考释，可参见《甲骨文字诂林》第三册第2335～2344页之2410辞所引诸家论述条。

三　雷

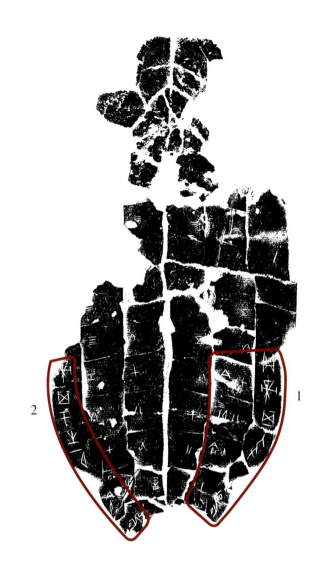

『帝其及今十三月令雷』卜辞

1 贞：帝其及今十三月令雷？

2 □帝其于生一月令雷？

商王武丁时期

《合集》14127

现藏于台北"中央研究院"历史语言研究所

辞语解析

帝 字作"𥝤""𥝤""𥝤"形，宋郑樵《六书略》云象花蒂之形。商甲骨文中，"帝"或用作禘祭之"禘"，或用为嫡庶之"嫡"，或为商人祀典之至上神——上帝。在商人心目中，"上帝"拥有臣正供其驱使，不仅控制风雨雷电，五谷足年，而且具备左右人间福佑灾祸的强大权威。本辞中，"帝"即"上帝"之简称，本辞是占问"上帝"是将于"十三月"下令打雷，还是于明年"一月"下令打雷。而"令雷"，即是商人所赋予"上帝"的强大权威之一。[①]

及　字作"⚊"形，会意人前行，后人追至，以手相逮。[②]商卜辞中，"及"或用为追及之本义；或用为及时之"及"，义同"宜"；或如本辞"及今十三月雨"，辞意即《广雅·释诂》所云"及，至也"。

十三月　商代历法是以太阴纪月、太阳纪年的阴阳合历，并用年终置闰与年中置润两种方式以调节太阴月与太阳年之间的岁差。本辞"十三月"及其他占卜刻辞中"十四月"，皆是年终置润。[③]

雷　字作"⚊""⚊""⚊"形，其中"⚊"形，即"申"，乃闪电之象。雷、电相将，且与雨相伴，故商甲骨文中习见雷、雨同卜，如《合集》13408正"庚子卜，贞：兹雷其雨"所记，即商王武丁时期某一"庚子"日当雷电发生之时，即举行占卜占问是否会降雨。据目前所见商甲骨文记载，当时河南安阳地区雷电发生的月份为十月、十三月、一月、二月与三月。[④]

卜辞大意

卜甲正面契刻商王武丁时期一条占卜记录，占问事项为"雷"。主要占问"上帝"是将于今年"十三月"下令打雷，还是于明年"一月"下令打雷。辞中涉及商人祀典之至上神"上帝"以及当时河南安阳地区雷电发生的主要月份，对于商人神灵信仰、当时河南安阳地区气候状况及商人历法研究，均具有重要学术价值。

---

① 有关"帝"之考释，可参见《甲骨文字诂林》第二册第1082～1086页之1132辞条所引诸家论述；宋镇豪主编、常玉芝著《商代宗教祭祀》，社会科学文献出版社，2010年，第26～68页。

② 有关"及"之考释，可参见《甲骨文字诂林》第一册第108～111页之0061词条所引诸家论述。

③ 有关商人历法中闰月，可参见《甲骨学一百年》，第676～678页。

④ 有关"雷"之考释，可参见《甲骨文字诂林》第二册第1172～1176页之1208辞条所引诸家论述。

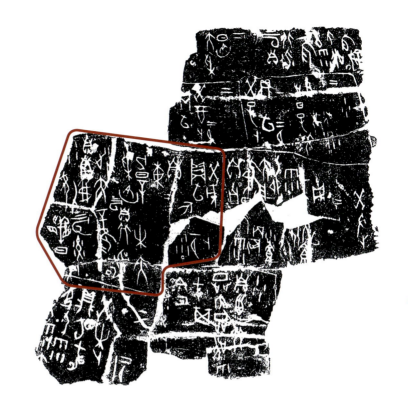

「各云自北，雷」卜辞

癸亥卜，贞：旬？一月。昃雨自东。九日辛未大采，各云自北，雷，征（延）大风自西刜云，率雨□□□

商王武丁时期

《合集》21021

现藏于台北"中央研究院"历史语言研究所

辞语解析

旬　字作"ᕤ"形，乃"十日"之专辞。《说文解字》："旬，遍也，十日为旬。""旬无囯"，是商甲骨文中习见的占卜事项，该类占卜皆于一旬之末"癸"日举行，占问下旬自"甲"日至"癸"日十日之内是否将有灾祸发生。本辞中"旬"，即"旬无囯"之省称。[①]

延大风自西刜云　"征"，字作"彳止"形，即"延"，本义为长，引申意为连绵、持续。商甲骨文中习见"征雨""征风"之类恒语，义即风、雨连绵不止。[②]"延大风自西刜云"，辞意狂风自西大作，卷积乌云。

卜辞大意

卜甲正面契刻商王武丁时期一月癸亥日举行的一次占卜记录,占问事项为卜旬,即占问在即将来临的甲子、乙丑、丙寅、丁卯、戊辰、己巳、庚午、辛未、壬申与癸酉十日之内是否将有灾祸发生。据该占卜记录"验辞",在占卜日癸亥后第九日辛未之"大采"时段,乌云翻滚,自北涌来;继而电闪雷鸣,狂风自西大作,卷积乌云;霎时,雨倾泻而下。该"验辞"如实记述发生于商王武丁时期一月辛未日"大采"时段的一次风、雨、雷、电,全面生动,如临其境,对研究河南安阳地区商代气候状况极为重要。③

---

① 有关"旬"之考释,可参见《甲骨文字诂林》第二册第1149~1153页之1178辞条所引诸家论述。

② 有关"征"之考释,可参见《甲骨文字诂林》第三册第2230~2235页之2290词条所引诸家论述;《甲骨文字诂林补编》第558页之2290辞条所引诸家论述。

③ 有关"制"之考释,可参见《甲骨文字诂林》第三册第2455页之2484辞条所引诸家论述;有关"率"之考释,可参见《甲骨文字诂林》第四册第3181~3184页之3149辞条所引诸家论述;有关"各"之考释,可参见《甲骨文字诂林》第一册第498页、776~779页之0488、0807、0808辞条所引诸家论述。

四

雨

『之日大采雨』卜辞

辛亥卜，㱿贞▨

辛亥卜，㱿贞：于乙门令？

辛亥卜，㱿贞：勿于乙门令？

乙卯卜，㱿贞：今日王往于敦▨之日大采雨，王不▨

商王武丁时期

《合集》12814

现藏于中国国家图书馆

辞语解析

王　字作"王""大""大"形，象钺之形。在中国上古时期，钺作为一种礼仪用器，用以象征军事统率权。据《史记·殷本纪》，商纣封周文王为西伯，赐其"弓矢斧钺，使得征伐"；又《周本纪》在描绘周武王指挥牧野之战时，云"左杖黄钺，右秉白旄以麾"。虢季子白盘是西周宣王时期一件著名青铜器，器内底铸铭文："赐用钺，用征蛮方。"河北平山战国中山王墓出土一柄战国时期青铜钺，其铭文："作兹军斧，以警厥众。"由此可知，直至战国时期，钺一直用以象征军事统率权。据考古成果，至迟在新石器时代晚期，钺已经作为礼仪用器，如良渚文化遗址中已发现磨制精细、装备齐全的玉钺。商王不仅是最高行政长官，也是最高军事统帅，而商甲骨文"王"字构形更能帮助我们深刻理解钺被赋予的象征意义。[①]

  本辞之"王"，即商王武丁。武丁乃商王小乙之子，其事迹见于《尚书·无逸》《尚书·高宗肜日》《史记·殷本纪》及《大戴礼记》等典籍。武丁以傅说为相，勤于政事，在位五十九年，文治武功，使商王朝达到极盛，卒后庙号尊为"高宗"。据商甲骨文，武丁有妣辛、妣癸与妣戊三位配偶进入"周祭"祀谱，并育有三子：长子，典籍中所谓"孝己"，商代甲骨文中又称"小王"；次子祖庚，因其兄孝己早卒，故武丁崩后继位；三子祖甲，继祖庚后为王，其崩后，子康丁，即《史记·殷本纪》"庚丁"继位。

之日 商人的纪日称谓。上辞"之日大采雨"是乙卯日占卜记录之"验辞"，"之日"即指占卜日乙卯，相对于"今日"而言，故称"之日"。

大采 又称"大采日"，是商人关于一日之内时间分段的一个称谓。据商甲骨文可知："旦""食日""中日""昃""郭兮"和"昏"，是商人对于白昼的主要时间分段，而"大采"则为六个时段之间更加细致的时段划分之一。《国语·鲁语下》语："是故天子大采朝日，与三公、九卿祖识地德；日中考政，与百官之政事，师尹维旅、牧、相宣序民事；少采夕月，与大史、司载纠虔天刑；日入监九御，使洁奉禘、郊之粢盛，而后即安。"此段引文中，"大采""日中""少采"与"日入"，乃时人对于白昼四个时间分段称谓，"大采"时段处于"日中"之前。"日中"即商代甲骨文"中日"，为正午之时；如此，商代甲骨文中"大采"作为时间分段应处于"旦"与"中日"之间。有些学者认为，"大采"略与"朝"时段相当。[②]

  上列"乙卯卜，㱿贞：今日王往于敦☐。之日大采雨，王不☐"，是乙卯日占问当日商王欲出行敦地，其中"之日大采雨，王不☐"为"验辞"，乙卯日"大采"时段降雨，导致商王出行未果。[③]

雨 字作"☳"形，其中"一"象天，其下两行平列数点则象雨滴纷纷下落之状，极为生动形象；又作"☳""☳""☳""☳""☳"等构形，其中象天之

甲骨卜辞菁华·气象篇

"—"与雨滴相连，或上增饰划，而纷纷雨滴则或平列，或参差。商代青铜器铭文中，"雨"字作"𩅥""𩃱""𩃱"形，较甲骨文更为规整。商甲骨文中，"雨"兼具名词与动词双重词性：用作名词，如《合集》14153"帝其令雨"；用作动词，如本辞"之日大采雨"。《诗·小雅·大田》"有渰萋萋，兴雨祈祈。雨我公田，遂及我私"句中之"雨"，名词、动词相继换用，可帮助我们理解商代甲骨文中"雨"之词性。④

卜辞大意

卜骨正面契刻商王武丁时期一位名"㱿"的贞人分别于辛亥、乙卯两日所作的占卜记录。其中乙卯日占问商王武丁欲于当日出行敦地，而据该占卜记录"验辞"记载，占卜日乙卯"大采"时段降雨，导致商王未能出行。

---

① 有关"王"之考释，可参见《甲骨文字诂林》第四册第3270～3278页与《甲骨文字诂林补编》第807页之3246辞条所引诸家论述。

②《殷虚卜辞综述》，第232页。

③《小屯南地甲骨考释》，第137～141页；《甲骨学一百年》，第665～670页。

④ 有关"雨"之考释，可参见《甲骨文字诂林》第二册第1153～1155页与《甲骨文字诂林补编》第329～330页之1180辞条所引诸家论述；何琳仪著《战国古文字典·战国文字声系》，中华书局，2004年，上册第464页。

『帝其令雨』卜辞

正

丙寅卜……卯，帝其令雨？

丙寅卜……卯，帝不□雨？允□

翌□帝其□

翌□不□

丁卯卜，殻：翌戊辰帝其令［雨］？

丁卯卜，殻：翌戊辰帝不令雨？戊辰允阴。

戊［辰］卜，殻：［翌］己巳帝［其］令雨？

戊辰卜，殻：翌己巳帝不令雨？

己□

辛未卜：翌壬帝其雨？

［辛］未卜：翌壬帝□雨？壬晕。

壬申卜：翌癸帝其令雨？

壬申卜，殻：翌癸帝不令雨？

甲戌卜：翌乙亥帝其令雨？

甲戌卜，殻：翌乙亥帝不令雨？

乙亥卜，殻：翌丙子帝其令雨？

乙亥卜，殻：翌丙子帝不令雨？

丙子卜，殻：翌丁丑帝其令雨？

反

龙

己巳帝允令雨至于庚。

商王武丁时期

《合集》14153

现藏于台北"中央研究院"历史语言研究所

辞语解析

帝　字作"帝""帝""帝"形，宋郑樵《六书略》云象花蒂之形。"帝其令雨"，"帝"即"上帝"之简称，辞中占问"上帝"是否将于次日下令降雨？而"令雨"，即是商人所赋予"上帝"的强大权威之一。

卜辞大意

　　卜甲正面契刻商王武丁时期一位名"殻"的贞人分别于丙寅、丁卯、戊辰、己巳、辛未、壬申、甲戌、乙亥及丙子连续九日所作的占卜记录，占问事项均为降雨。上述九日占卜皆以正反对贞的形式，即从占问事项正、反两方面占问"上帝"是否将于次日下令降雨。反面刻辞"己巳帝允令雨至于庚"，是戊辰日占卜记录"验辞"，记载次日己巳降雨，并延续至庚午日。

甲骨卜辞菁华·气象篇

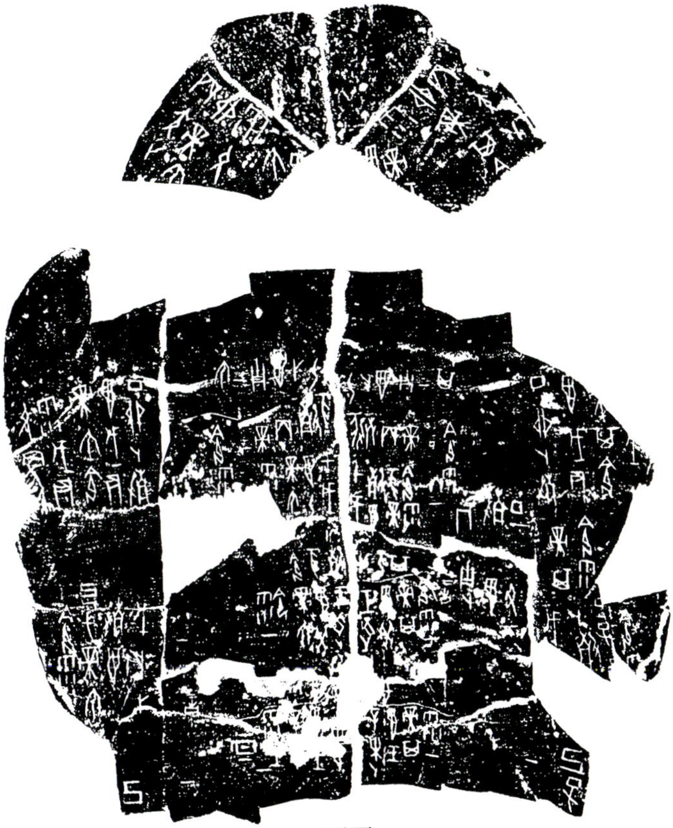

正面

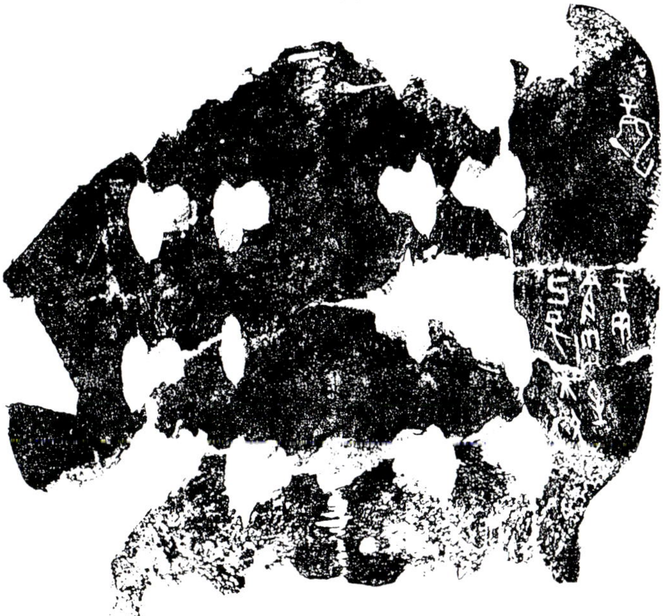

反面

『今夕其雨疾』卜辞

贞：今夕其雨疾？

商王武丁时期

《合集》12670

现藏于香港中文大学中国文化研究所

辞语解析

今夕 是商人纪日称谓之一，在商代甲骨文中较为习见。商人称当日为"今日"，当日夜晚为"今夕"。

疾 字作"⿰疒"⿰疒"形，象人卧床之状，本义为疾病。本辞"雨疾"之"疾"，义为"急"，"雨疾"即雨势迅急。典籍中常见"疾"用为"急"之例，如《左传·襄公十一年》语"楚弱于晋，晋不吾疾也"，晋杜预注云："疾，急也。"[①]

卜辞大意

卜甲正面契刻商王武丁时期一条占卜记录，占问事项为降雨，主要占问占卜日当日夜晚是否会降下急雨。

---

① 有关"疾"之考释，可参见《甲骨文字诂林》第四册第3094～3099页之3067辞条所引诸家论述。

『王其往田其雨』卜辞

正面

己巳卜，争贞：乍（作）王舟☐

反面

☐葬出老嫁于☐

贞：王其往田，其雨？

己巳卜，𣪊贞：𣪊亡（无）疾？

甲典☐疾☐

雀☐𣪊

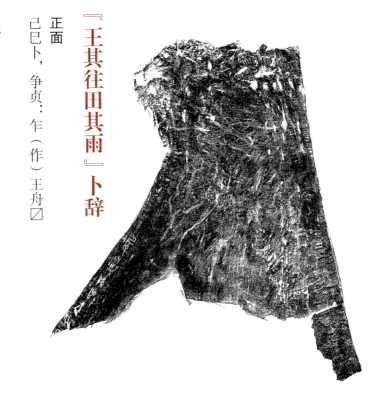

四 雨

商王武丁时期

《合集》13758正、反[①]

现藏于辽宁省博物馆

辞语解析

往 字作"☐"形，从止王声，是往来之"往"本字。[②]"王其往田，其雨"，占问商王将去田猎，是否会遭遇降雨。辞中"往"即用作本义。

争、𣪊 是商王武丁时期的两位重要贞人，司职王室占卜。迄今发现

有关"殼"的占卜刻辞多达1500余条。河南安阳曾出土"殼"铭青铜器，应是其家族之遗物。③而有关"争"的占卜刻辞亦超过1300条，且如《东京》1068所记，商王曾经为其占问病情。④凡此可见"争""殼"两位贞人在商王武丁时期的显赫地位。

卜辞大意

卜骨是一块残断的象左肩胛骨上部，由两片粘接。迄今所发现商占卜用骨绝大多数为牛肩胛骨，象骨实物极为罕见，丰富了我们对于商人占卜用具的认识。该骨正反面契刻商王武丁时期由名"争""殼"的两位贞人分别所作的数条占卜记录，其中有一条占卜记录占问商王将去田猎，是否会遭遇降雨。⑥

① 此卜骨又见胡厚宣《甲骨续存》下编390正、391反；李海荣《释辽宁省博物馆藏的五版牛胛骨卜辞》，《辽海文物学刊》1992年第1期。

② 关于"往"之考释，可参见《甲骨文字诂林》第一册第831~834页之0837辞条所引诸家论述。

③ 关于贞人"殼"的研究，可参见韩江苏、江林昌著《〈殷本纪〉订补与商史人物征》，中国社会科学出版社，2016年，第543~545页。

④ 关于贞人"争"的研究，可参见《〈殷本纪〉订补与商史人物征》第549页。

⑤ 见《甲骨学一百年》第137~149页。

⑥ 关于该卜骨，详见金祥恒《甲骨文中的一片象胛骨刻辞》，《大陆杂志》第69卷第4期，1984年；《甲骨学一百年》第235页；李学勤《关于象胛骨卜辞》，《中原文物》2001年第4期；宋镇豪著《商代社会生活与礼俗》，中国社会科学出版社，2010年，第611~612页。

『黍年有正雨』卜辞

1 辛未卜，古贞：黍年业（有）正雨？

2 贞：黍年业（有）正雨？

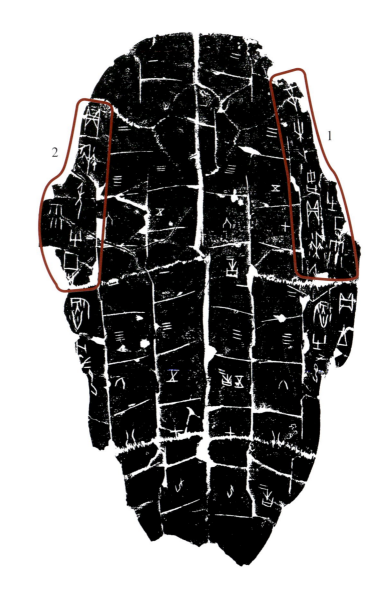

商王武丁时期

《合集》10137

现藏于台北"中央研究院"历史语言研究所

辞语解析

古 字作"甶"形，所从"中"即盾之象形；"古"是坚固之固的本字。本辞"古"，是商王武丁时期一位贞人，职司王室占卜。"古"之部族臣属于商，且与商王室存在姻亲；该族拥有封地，勤于贡纳等王事。故宫博物院所藏亚古簋、上海博物馆所藏亚古父己卣及日本东京长尾美术馆所藏亚古父己角等器，皆是商代晚期"古"族之遗物。[①]

黍 字作""""形，造型与该农作物酷肖：根、茎俱全，其穗部分叉下垂，且作散放状。[②]黍是商王朝主要粮食作物品种。今我国北方地区称"黍"为"黍子""糜子"，去壳后称"大黄米"。至迟始于距今7000年前，我国已开始栽培黍这种作物，甘肃秦安大地湾新石器时代遗址曾出土炭化黍。[③]在河南安阳殷墟白家坟东及孝民屯遗址中，多次发现黍的炭化遗存，[④]殷墟出土甲骨文中亦多见有关种黍记载。

年 字作""形，象人背负禾之状，"人"亦用作声符。"年"，《说文解字》："谷熟也。"《春秋·桓公三年》语"有年"，又宣公十六年记"大有年"，《谷梁传》："五谷皆熟，为有年也。"《诗·鲁颂·有駜》句"自今以始，岁其有。君子有谷，诒孙子"，传云："岁其有，丰年也。"是知"有年"及"岁其有"意为五谷丰收；反之，五谷歉收，即《周礼·地官·均人》所谓"无年"。商甲骨文"年"象人背负禾之状，会意收获，与上述典籍中"年"训五谷丰收之意相同。商代甲骨文中习见"受年"一辞，意与上述"有年"意同。"受年"又或称"受禾"。已知商代甲骨文中有关"受年""受禾"之占卜刻辞，凡597例，足见商王对粮食收成极度关注。[⑤]本辞"黍年"意即黍谷丰收，占问是否将有适宜雨量从而获得黍谷丰收。类似占问"黍年"的占卜刻辞习见于殷墟出土甲骨文中，且"受黍年"多在该类占卜刻辞中作为"命辞"，即占问事项之恒语。

正雨 辞义雨量适宜。《诗·小雅·雨无正》之《诗序》曰："雨无正，大夫刺幽王也。雨，自上而下也。众多如雨，而非所以为政。"又《郑笺》云："亦当为刺幽王，王之所下教令甚多而无正也。"由此可知，"雨无正"之"正"，辞义适宜，与本辞"正雨"之"正"相同。"辛未卜，古贞：黍年㞢（有）正雨"，占问是否将有适宜雨量从而获得黍谷丰收。《合集》14141"帝其令雨正"，也是占问雨量是否适宜。[⑥]

卜辞大意

卜甲正面契刻商王武丁时期一位名"古"的贞人于辛未日所作的占卜记录，占问事项为降雨，主要占问当时的重要农作物黍，是否将有适宜雨量从而获得丰收。在商占卜刻辞中，亦见其他占卜雨量是否适宜，是否及时，是否能获得丰年，显示出商王对于降雨之于当时农业收获的关注。

---

① 有关"古"之考释，可参见《〈殷本纪〉订补与商史人物征》第540～542页；《甲骨文字诂林》第四册第2945～2947页之2932辞条所引诸家论述；《字源》上册第164页。

② 有关"秦"之考释，可参见《甲骨文字诂林》第二册第1441～1446页与《甲骨文字诂林补编》第381～385页之1503辞条所引诸家论述。

③ 甘肃省博物馆《1980年秦安大地湾一期文化遗存发掘简报》，《考古与文物》1982年第2期。

④《中国考古学·夏商卷》第372页。

⑤ 有关"受年""受禾"之研究，可参见《殷虚卜辞综述》第223～226页；《甲骨文字诂林》第二册第1438～1441页之1502辞条所引诸家论述；《甲骨学一百年》第522页。

⑥ 有关"正"之考释，可参见《甲骨文字诂林》第一册第790～809页与《甲骨文字诂林补编》第229～233页之0821辞条所引诸家论述。

『翌乙巳其雨』卜辞

正面
甲辰卜，㱿贞：翌乙巳其雨？
贞：今癸卯燎？
翌乙巳用羌？
今癸卯燎？
不雨？
贞：今日步？
贞：今日勿步？
贞：翌丁未勿步？不劦黾

反面
癸卯卜，争
取閍［于？］曰

商王武丁时期
《合集》458正、反
现藏于旅顺博物馆

甲骨卜辞菁华·气象篇

辞语解析

用　字作"𡔸""𤰈"形，是桶之象形。本辞"翌乙巳用羌"，辞意次日乙巳日以羌人作为"人牲"献祭，"用"即用为人牲之义。《春秋·昭公十一年》载："楚师灭蔡，执蔡世子有以归，用之。"晋杜预注云："用之，杀以祭山。"[①] 此"用"犹存古义。

羌　字作"𦍋""𦍌""𦍍"等形，从人，头上装饰一对羊角，颈部间或系以绳索，是商人对当时分布于西部地区多个畜牧部族的泛称。卜辞"羌方""北羌"，为羌人之方国。卜辞中多见杀戮羌人作为祭祀之"人牲"，或以羌人作为奴役。"甲辰卜，㱿贞：翌乙巳其雨？翌乙巳用羌"，是"甲辰"日所作的占卜记录，占问次日"乙巳"是否会降雨，是否以羌人作为"人牲"献祭以祈雨。[②]

步　字作"𣥂"形，象左右两足前后相随，本义为行。本辞中"步"，用作祭名。"贞：今日步？贞：今日勿步"，系以正反对贞的方式占问当日是否"步"祭；另"贞：翌丁未勿步"，乃占问次日丁未是否"步"祭。《周礼·地官·族师》语"春秋祭酺"，东汉郑玄注云："酺者，为人物灾害之神也。故书酺或为步。"又

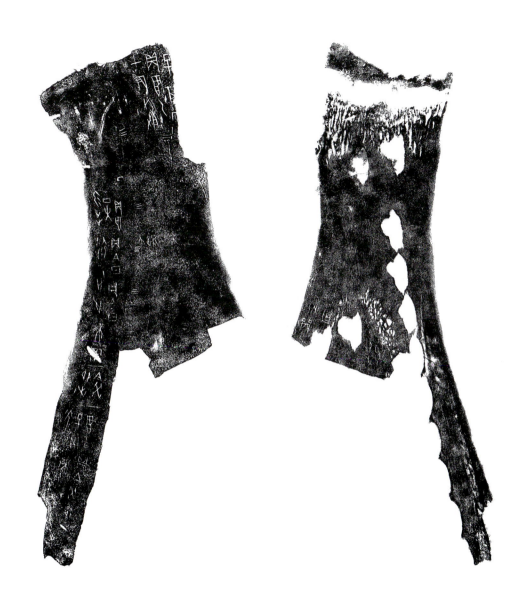

《夏官·校人》云"冬祭马步"，东汉郑玄注谓："马步，神为灾害马者。"此周世祭名之"步"，应源于商。③

不舌黾 是商占卜刻辞中之恒语，通常横向契刻于兆璺横兆下侧，字体较小，或与"二告""小告"之类文辞见于同版，不与其他文辞相属，学术界称之为"兆辞"，应是视卜兆所断定吉凶之类术语。清孙诒让和唐兰、郭沫若、董作宾、于省吾、胡光炜及陈邦福等学者均曾稽考"不舌黾"之辞义，其中陈邦福读为"不牾殊"，意为所占问之事与卜兆"不乖殊"。⑤

卜辞大意

卜骨正、反两面契刻商王武丁时期由名"殻"与"争"的两位贞人分别于癸卯、甲辰及丙午三日所作的占卜记录。占卜刻辞字口填墨，其间有界划，占问事项为降雨及围绕降雨而拟定举行的祈雨祭祀。在所拟定乙巳日举行的祈雨祭祀中，提及使用羌人作为"人牲"。⑤

---

① 关于"用"之考释，可参见《甲骨文字诂林》第四册第3402~3406页之3338辞条所引诸家论述。

② 关于"羌"之考释，可参见《甲骨文字诂林》第一册第112~126页之64、65辞条所引诸家论述；孙亚冰、林欢著《商代地理与方国》，中国社会科学出版社，2014年，第268~271页；罗琨著《商代战争与军制》，中国社会科学出版社，2010年，第250~257页。

③ 关于卜辞"步"祭之研究，可参见吴其昌《殷墟书契解诂》，武汉大学出版社，2008年，第149~150页；郭沫若《殷契粹编考释》第26页；饶宗颐《殷商贞卜人物通考》，香港大学出版社，1959年，第1064页；于省吾主编《甲骨文字诂林》第一册第761~763页之0801辞条所引诸家论述。

④ 关于"不舎黿"之研究，可参见《甲骨文字诂林》第二册第1808~1822页之1866辞条与第四册第3210页之3179辞条所引诸家论述；《甲骨学一百年》，第240页；《商代社会生活与礼俗》，第609页。

⑤ 有关该片卜骨，可参见中国社会科学院甲骨学殷商史研究中心、旅顺博物馆编著，宋镇豪、郭富纯主编《旅顺博物馆所藏甲骨》，上海古籍出版社，2014年，著录号418。

甲骨卜辞菁华·气象篇

『惟上甲蚩雨』卜辞

己未卜，殸贞：今十三月雨？

贞：今十三月雨？

己未卜，殸贞：今十三月不其雨？

贞：十三月不其雨？

贞：今十三月不其雨？

贞：今十三月☑

贞：今十三月雨？

今十三月不其雨？

今十三月雨？

不佳（惟）上甲蚩雨？

佳（惟）上甲蚩雨？

佳（惟）上甲？

不佳（惟）上甲？

佳（惟）上甲？

不佳（惟）上甲？

佳（惟）上甲？

商王武丁时期

《合集》12648

现藏于台北"中央研究院"历史语言研究所

辞语解析

上甲 字作"⊞⊞"形，是"上甲"两字合文。《史记·殷本纪》记商先公世次，始祖"契"后八世为"微"，乃王亥之子。其事迹如《竹书纪年》所云："殷王子亥宾于有易而淫焉，有易之君绵臣杀而放之。是故殷王甲微假师于河伯以伐有易，灭之，遂杀其君绵臣也。"曾为父报仇，杀有易氏。又《国语·鲁语》载展禽语云："上甲微，能帅契者也，商人报焉。"颇有作为，备受商人尊崇。上述典籍中"微""上甲微"，亦即"上甲"；且由《合集》24975"□□卜，王〔贞〕：其燎于上甲父〔王〕𡥝"，知"王亥"确为"上甲"之父。据商甲骨文，在商人思想意识中，"上甲"是左右时王及王国福佑灾祸的主要神主。[①]"佳（惟）上甲蚩雨？ 不佳（惟）上甲"，以正反对贞的形式占问"上甲"是否妨害降雨。足见其在商人心目中的神威。

蚩 字作"🐛""🐛"形，象虫咬噬人足之状，为伤害之"害"的本字。"佳（惟）上甲蚩雨"，辞意"上甲"妨害降雨。[②]

49

四 雨

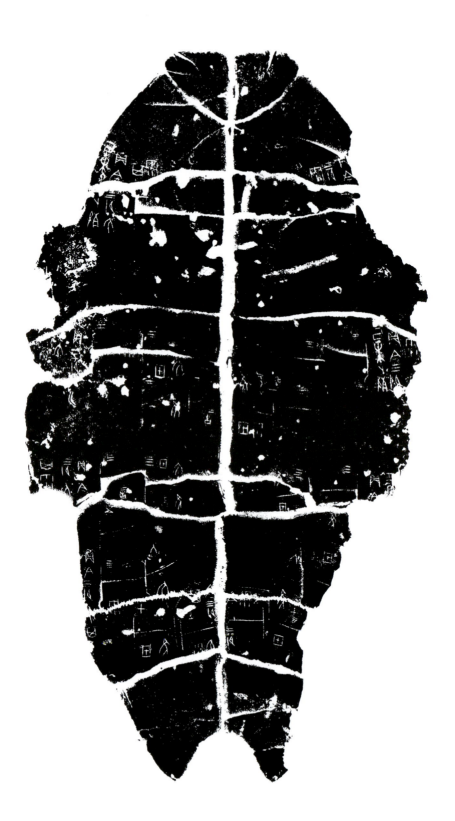

今十三月　指当年十三月。本辞"己未卜，殻贞：今十三月不其雨？贞：今十三月雨"，以"正反对贞"的形式占问当年十三月是否会降雨？

卜辞大意

卜甲正面契刻商王武丁时期一位名"殻"的贞人于己未日所作的占卜记录，凡16条占卜刻辞，占问事项均为降雨。该占卜以正反对贞的形式大体占问两类内容：一类占问年终"十三月"是否会降雨；二类占问商先公"上甲"是否妨害降雨。从中可以窥见商人对于"人鬼"权威的认知。

---

① 陈梦家云："关乎为祟（害）于王或我，先王先妣和旧臣占大多数；属于先公高祖河、娥、岳、王亥、蚰、季等的，占较少数。""关于求风雨与求年成的，先王先妣和旧臣占少数；属于先公高祖、河、王亥等的则占很大多数。""由以上的比较，可知在卜辞中王、妣、臣是属于一大类的，先公高祖、河、王亥等是属于一大类的。前一类对于时王及王国有作祟的威力，后一类的祈求目的是雨和年（禾）。这两类有着大致的分界，但不是截然划清的；一部分少数的王、妣、臣也是桒雨、桒禾的对象，一部分较少的先公高祖也为为祟于'王'或为害于'我'。"（《殷虚卜辞综述》第351页）

② 有关"祟"之考释，可参见《甲骨文字诂林》第二册第1776～1782页之1842辞条所引诸家论述。

『及今十月雨』卜辞

貞：㞢（侑）于黄尹？

勿㞢（侑）于黄尹？

貞：勿桒于□□？

貞：弗其及今十月雨？

及今〔十月〕雨？

商王武丁时期

《合集》12627

现藏于台北"中央研究院"历史语言研究所

辞语解析

勿 字作"⺈""⺈"形，象弓弦拨动后不断颤动之状，是发射之"发"的初文。该字在商甲骨文中或用作人名，而大多则如"勿㞢（侑）于黄尹"，假借用作副词，表示否定意愿语气，相当于"不要"。商甲骨文中另一表示否定意愿语气的副词"弜"，用法与"勿"相似。①

屮 字作"屮""屮""ϒ"形。商卜辞中，"屮"或用作表示重复义之"又"，或用作表示存在义之"有"，或用作福祐之"祐"及祭名之"侑"。本辞"屮于黄尹"，"屮"用作祭名"侑"，亦如《诗·小雅·楚茨》所云"以妥以侑，以介景福"。[2]

黄尹 又称"黄奭"，乃商旧臣。据商甲骨文，在商人心目中，"黄尹"具有控制人间疾病、灾祸，左右战事胜败及保佑丰年之类的巨大神威，享受商王室隆重祭祀。[3]本辞"贞：屮于黄尹？弜屮于黄尹"，以正反对贞的形式占问是否"侑"祭黄尹。

今十月 指当年十月。"贞：弗其及今十月雨？及今〔十月〕雨"，以正反对贞的形式占问是否须至当年十月才有降雨。

卜辞大意

卜骨正面契刻商王武丁时期三条占卜刻辞，占问事项分别为降雨及与其有关的商旧臣祭祀。该占卜是以正反对贞的形式占问是否须至当年"十月"才有降雨，以及是否对商旧臣"黄尹"进行"侑"祭。

---

① 有关"勿"之考释，可参见《甲骨文字诂林》第三册第2613～2621页之2625词条所引诸家论述。

② 有关"屮"之考释，可参见《甲骨文字诂林》第四册第3422～3432页与《甲骨文字诂林补编》第866～868页之3350词条所引诸家论述。

③ 有关"黄尹"之考释，可参见《〈殷本纪〉订补与商史人物征》第242～251页。

『之日夕雨不延』卜辞

辛酉卜，殻：翌壬戌不雨？之日夕雨不征（延）。

辛酉卜，殻：翌壬戌其雨？

壬戌卜，殻：翌癸亥不雨？癸亥雨。

[壬]戌[卜]，殻：囗雨

癸亥卜，殻：翌甲子不雨？甲子雨小。

[甲]子卜，殻：翌乙丑不雨？允不[雨]。

囗翌囗雨囗允不雨。

[甲子卜]，殻：翌乙丑其雨？

乙丑卜，殻：翌[丙]寅其雨？

丙寅卜，殻：翌丁卯不雨？

丙寅卜，殻：翌丁卯其雨？丁囗雨

乙亥[卜]，殻：翌丙子不雨？

乙亥卜，殻：翌丙子其雨？

丙子卜，殻：翌丁丑不雨？

丙子卜，殻：翌丁丑其雨？

丁丑卜，殻：翌戊寅既雨？

商王武丁时期

《合集》12973

现藏于台北"中央研究院"历史语言研究所

辞语解析

之日夕 "之日夕雨不征（延）"，是"辛酉卜，殻：翌壬戌不雨？之日夕雨不征（延）"之"验辞"；"之日夕"，即指占卜日辛酉夜晚。验辞"之日夕雨不征（延）"乃追述补记，相对于"今夕"而言，故称"之日夕"。其他占卜刻辞中，"之日夕"又称"之夕"。

征 字作彳形。"征"即"延"，本意为长，引申为连绵继续之义。商甲骨文中习见"征雨""征风"之类恒语，意即风雨连绵不止。本辞"之日夕雨不征"是该占卜记录之"验辞"，辞意为辛酉日夜间雨歇天晴。[①]

既　字作"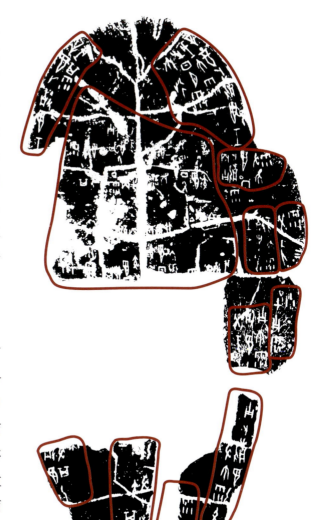"形，象人用餐之后转头即将离去之状，引申义为"尽""毕"及"已"。"既"多见于卜雨类占卜刻辞，义为雨止方晴。本辞"丁丑卜，殻：翌戊寅既雨"，为丁丑日占问次日戊寅是否雨歇天晴。《说文解字》："暨，日颇见也。""暨"之辞意，应源于商占卜刻辞卜雨之"既"。[2]

卜辞大意

卜甲正面契刻商王武丁时期一位名"殻"的贞人分别于辛酉、壬戌、癸亥、甲子、乙丑、丙寅、乙亥、丙子及丁丑连续多日所作的多次占卜记录，占问事项大致分为二类：一类如辞"辛酉卜，殻：翌壬戌不雨"，占问次日是否降雨。二类如辞"丁丑卜，殻：翌戊寅既雨"，占问次日是否雨歇天晴。其中"之日夕雨不征（延）""甲子雨小"及"允不［雨］"均为"验辞"，对于深入理解商甲骨文内容大有裨益。

① 有关"征"之考释，可参见《甲骨文字诂林》第三册2230～2235页之2290词条所引诸家论述。

② 有关"既"之考释，可参见《甲骨文字诂林》第一册第379～381页之0338、0339词条所引诸家论述。

『今夕其雨』卜辞

贞：今□其□□
贞：今夕不雨？
贞：今□其雨？
贞：今□其雨？
贞：今夕□□
贞：今夕其雨？
□其雨？
贞：今夕其雨？
□囚
□夕九月。
贞：今夕不其啓？九月。
贞：今夕其雨？十月。
贞：今夕不雨？十月。
辛丑卜，史贞：今夕亡（无）囚？
贞：□其雨？
甲寅卜，史贞：今夕其雨？
贞：今夕亡（无）囚？
□戌卜□贞□夕□囚？
贞：今不□
□夕□雨？
□今夕雨？十月。
己丑卜，史贞：今夕亡（无）囚？

商王武丁时期

《合集》12623

现藏于台北"中央研究院"历史语言研究所

辞语解析

夕 字作"）""）"形，是月之象形，且与"月"同字；商人称夜晚为"夕"。①

今夕 指占卜日当日夜晚。据商甲骨文记载，商人称白昼为"日"，夜晚为"夕"，"日"与"夕"组成一个完整纪日。本辞"己丑卜，史贞：今夕亡（无）囚"中用以纪日的干支己丑，由一个白昼与一个黑夜组成，相对白昼而言，故称"今夕"。②

卜辞大意

卜甲正面契刻商王武丁时期一位名"史"的贞人在"九月""十月"间分别于辛丑、甲寅、□戌及己丑等多日所作的多次占卜记录。占问事项大致分为三类：一类如辞"贞：今夕不雨"，占问当日夜晚是否降雨；二类如辞"贞：今夕不其啓？九月"，占问当日夜晚是否雨止天晴；三类如辞"辛丑卜，史贞：今夕亡囚"，占问当日夜晚有无灾祸发生。

---

① 有关 "夕" 之考释, 可参见《甲骨文字诂林》第一册第 1116~1120 页之 11539 词条所引诸家

论述。

② 有关商人纪日, 可参见《甲骨学一百年》第 661~664 页。

『辛卯奏舞雨』卜辞

庚寅卜：辛卯奏舞，雨？
庚寅卜：癸巳奏舞，雨？
庚寅卜：甲午奏舞，雨？
□辰奏□雨，雨？
□□乙□六牪？
□牢□

甲骨卜辞菁华·气象篇

商王武丁时期

《合集》12819

现藏于台北"中央研究院"历史语言研究所

辞语解析

舞 字作"𣥐"形，象人双手拽牛尾舞蹈之状。卜辞多见"奏""舞"两字相属，"奏"，义为乐，"奏舞"亦即乐舞。本辞"庚寅卜：辛卯奏舞，雨"，占问拟定于次日辛卯举行祭祀，以乐舞享献神灵，以祈求甘雨降临。此类以乐舞娱神祈雨之祭祀，于后世古代中国专称之为"雩"。《周礼·春官·司巫》云"若国大旱，则帅巫而舞雩"，又"女巫"职记"旱暵，则舞雩"，东汉郑玄注："雩，旱祭也。"《春秋公羊传·桓公五年》曰："大雩者何？旱祭也。"东汉何休注云："雩，旱请雨祭名。使童男女各八人，舞而呼雩，故谓之雩。"凡此典籍所载后世之"雩"，无疑乃商人"奏舞"祈雨之流俗。商王康丁时期，此类祈雨祭祀，如《合集》30041"于翌日丙霝有大雨"所记，"舞"字上增加"雨"符，写作"𩄀"，应是后世"雩"字之所从来。[1]

羜 字作"羜"形，意即雄性之羊。本辞"萊□乙□六羜"之"羜"，用作祈雨祭祀之牺牲。据商甲骨文记载，商人对于用作祭祀牺牲的雄雌、毛色及数量等均有选择，本辞所载即是一例。

卜辞大意

卜甲正面契刻商王武丁时期庚寅日占卜记录，凡五条，占问事项均为祈雨。其中三条完整的占卜刻辞分别占问拟定于次日辛卯及之后癸巳、甲午两日举行祭祀，以乐舞享献神灵，以祈求甘雨降临。

---

① 关于"舞"之考释，可参见《甲骨文字诂林》第一册第255~258页之0226辞条所引诸家论述。

『己酉卜，韋：其雨』卜辭

正面

乙未卜，韋貞：

貞：……不其雨？

貞……雨？

貞……其雨？

貞……不其雨？

丁酉

丁酉

戊戌 其雨？

己酉卜，韋……其雨？

庚戌卜，韋……不其雨？

辛亥卜，韋……其☑ 不其雨？

壬子卜……其雨？

壬子卜……不雨？

反面

丙☑卜，韋☑

甲骨卜辭菁華·氣象篇

商王武丁时期

《合集》11892

现藏于台北"中央研究院"历史语言研究所

辞语解析

韦（韋） 字作""""""形，从止，从囗，会意围在城邑四周或守或攻，本义为围。[1]本辞"乙未卜，韦贞"之"韦"，是商王武丁时期一位重要贞人，司职王室占卜事务。"韦"是夏商时期一重要方国，臣于商，亦即《诗·商颂·长发》所云"韦、顾既伐，昆吾、夏桀"之"韦"。《左传·襄公二十四年》晋杜预注谓东郡白马县东南有韦城，《后汉书·郡国志》载东郡白马县有韦乡，《水经注》济水注曰："濮渠水又东经韦城南，即白马县之韦乡也。"据《一统志》，"韦"在今河南滑县东二十里。[2]1934年秋季至1935年夏季发掘的安阳西北侯家庄M1004号大墓及1976年12月、1977年4月于殷墟妇好墓东约22米处发掘的76AXTM17、76AXTM18两座贵族墓葬中均曾出土铸"韦"铭青铜器，是"韦"宗族所铸重器。[3]

卜辞大意

卜甲正、反面契刻商王武丁时期一位名"韦"的贞人分别于乙未、丁酉、戊戌、己酉、庚戌、辛亥、壬子及丙囗等八日所作的占卜记录，占问事项均为降雨。这些占问采用正反对贞的形式，占问是否会有降雨。"其雨"意即将会降雨，而"不其雨"则是不会降雨。其他辞如"壬子卜：其雨？壬子卜：不雨"，与之同例。

---

① 有关"韦"之考释，可参见《甲骨文字诂林》第一册第817～818页之0826词条所引诸家论述；《字源》中册第487页。

② 可参见《殷虚卜辞综述》第265页。

③ 中国社会科学院考古研究所安阳工作队编《安阳小屯村北的两座殷代墓》，《考古学报》1981年第4期；《〈殷本纪〉订补与商史人物征》第542～543页。

『雀燎不其雨』卜辞

□宾贞：……乎□
□雀燎，不其雨？

甲骨卜辞菁华·气象篇

商王武丁时期

《合集》11962

现藏于台北"中央研究院"历史语言研究所

辞语解析

雀 字作"🐦"形，是商王武丁时期一位极其重要的人物，虽于史无征，但现存商甲骨卜辞近400条与其相关。雀称"雀男"或"雀任"。"任（男）"，是商之"外服"，亦是"雀"之爵称。同时，雀又称"亚雀"，由此可知雀又在商王室"内服"中担任"亚"——重要军事将领。雀拥有封土，近于豫西地区，其地有农业、畜牧业及田猎区域；此地曾受亘、缶、册、旨诸方侵扰，足见其战略位置之重要。雀拥有军队，称"雀师"，用以屏卫商西部边境。

商王武丁对雀极为关心，曾向父、母、兄举行祭祀，为"雀"禳除灾祸，也曾占卜雀地是否丰收、雀地黍之收获及雀人于教地放牧等事项；并令雀祭祀兄丁，召集王族；凡此种种，均显示雀与商王武丁之间存在紧密的血亲关系。

据商甲骨文记载，雀协助商王武丁处理政务，受命田猎，先后征伐目、桑、基、犬、先、毋及羌等20余个方国，并参与商南土经营。在商王武丁时期征伐类卜辞中，以雀军事活动最多，反映出其作为商王室血亲，在武丁统治集团内的重要地位。[1]殷墟侯家庄西北岗编号HPKM1001号大墓曾出土一件阴刻"亚雀"铭鹿角棒槌形器，应是雀之遗物。[2]

燎 字作"米""粦""燊"形，象积柴于火，间有星点，以示火焰上腾之状，商甲骨文中多用作祭名，且通用于天神、地祇、人鬼。《说文解字》曰："尞，柴祭天也。"又曰："柴，烧柴尞祭也。"《尔雅·释天》："祭天曰燔柴。"《风俗通义·祀典篇》云："楢者，积薪燎柴也。"《周礼·春官·大宗伯》云："以禋祀祀昊天上帝，以实柴祀日月星辰，以楢燎祀司中、司命、风师、雨师。"凡此"燎""柴""燔""楢"，均为积柴焚燎，以祭天神，当是商人"燎"之遗风。上列"雀燎，不其雨"，占问令"雀"向神灵进行"燎"祭，是否将有降雨？[3]

卜辞大意

卜甲正面契刻商王武丁时期一位名"宾"的贞人所作的占卜记录，占问事项为祈雨。本次占卜提及所拟定用于向神灵祈雨的祭祀，由一位与商王武丁存在紧密血亲关系的重要人物——"雀"负责举行，祭法为"燎"。

---

① 本文关于"雀"之论述，主要参考《〈殷本纪〉订补与商史人物征》第398~415页；王宇信、徐义华著《商代国家与社会》，中国社会科学出版社，2016年，第312~313页；《甲骨文字诂林》第一册第1735~1736页之1790辞条所引诸家论述。

② 中国社会科学院考古研究所编著《殷墟的发现与研究》，科学出版社，2001年，第395页。

③ 有关"燎"之考释，可参见《甲骨文字诂林》第二册第1466~1470页之1526辞条所引诸家论述。

『自今五日至于丙午雨』卜辞

贞：自今五日至于丙午雨？
贞：今五日至「于丙午不雨」？
　　今五日日雨？
　　自今五日不其雨？

甲骨卜辞菁华·气象篇

商王武丁时期

《合集》12316

现藏于台北"中央研究院"历史语言研究所

辞语解析

丙午　在上列"自今五日至于丙午雨"中用于纪日。通过商甲骨文研究，目前可以确知商人至少使用三种纪日法：（一）天干纪日法，以甲、乙、丙、丁、戊、己、庚、辛、壬、癸十天干分别纪日；（二）地支纪日法，以子、丑、寅、卯、辰、巳、午、未、申、酉、戌、亥十二地支分别纪日，该种纪日法较少使用；（三）干支纪日法，以十天干与十二地支依次相互搭配，组成甲子、乙丑、丙寅及丁卯等六十个干支单位分别纪日，六十日为一个循环。干支纪日法在商代纪日材料中占绝大多数。干支纪日法是我国古代的一项重要发明，使用该种纪日法不会发生错误，也不会造成重迭，现今某些场合依然沿用，是世界上使用时间最长的纪日法。上举"自今五日至于丙午雨"中丙午即是干支纪日;"自今五日至于丙午",即自占卜日至丙午日期间五日。由此可以推算:此五日干支即为壬寅、癸卯、甲辰、乙巳与丙午,其中壬寅为该次占卜举行之日。[①]

卜辞大意

卜甲正面契刻商王武丁时期壬寅日举行的两条占卜记录,以正反对贞的形式,占问自占卜日壬寅日至第五日丙午日,期间是否会有降雨。其中辞"自今五日日雨"意为降雨,而"自今五日不其雨"意则是不会降雨。

---

① 有关商人纪日法,可参见《甲骨学一百年》第657~664页。

『卯于土宰秦雨』卜辞

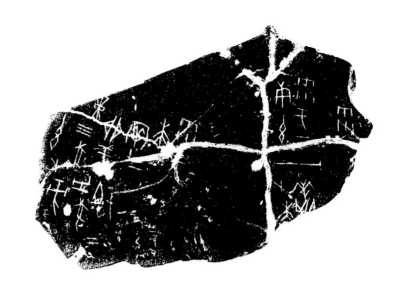

□〔庚〕午卜：方帝三豕屮（又）犬，卯于土宰秦雨？

□庚午卜：秦雨于岳？

□雨

商王武丁时期

《合集》12855

现藏地不明

辞语解析

方　即商人祀典中四方之神。据商甲骨文记载，商人因"秦年""秦雨""宁风""宁雨"及"宁疾"等而祀于四方之神，祈求风调雨顺、收获丰年，并禳夺疾病。上列"方帝三豕屮（又）犬"之"方"，即四方之神之简称，本辞意为以三豕与犬作为牺牲祭祀四方之神，以此祈求甘雨降临。

卯　字作"𢆶""𢆶"形，或与子、丑、寅等同类，用为地支之专名；或如上列"卯于土宰秦雨"所示，作为用牲之法。"刘（劉）"即"卯"之孳乳字，《尔雅·释诂》云："刘，杀也。"郭沫若云，以"卯"之字形而言，商甲骨文中作为用牲之法，或是对剖之义。综合商甲骨文相关记载，"卯"，作为用牲之法，多施用于"牛""羊"及"人牲"。[1]

土 字作""""形。上列"卯于土宰秦雨"之"土"即"社"，辞意以宰为牺牲祭祀"土"以祈雨。本辞"土"与"方"并祭，此类辞例习见，又如《合集》11018正"燎于土牢，方帝"，与《诗·小雅·甫田》"以社以方"相同，是商、周祀典之因袭。[②]

秦 字作""""""形，辞意祈求。商卜辞中习见"秦禾""秦雨"之类恒语。西周时期青铜器铭文中，秦或用作祭名。[③]

岳 字作""形，[④]下部从山，上部层峦迭嶂，山势连绵高邈，[⑤]与《说文解字》古文"岳"字构形同。本辞中"岳"，即中岳嵩山，是商人祈雨之神主。在迄今所见殷墟甲骨文中，"岳"出现约200次，常与"河"对举而言，同为"祈雨""秦禾"的主要神主。[⑥]

卜辞大意

卜甲正面契刻商王武丁时期庚午日的两次占卜记录，占问事项均为祈雨。两次占卜均涉及因祈雨而拟定之祭祀，其中提及商人祀典中司职风调雨顺及五谷丰年的主要神主，如"方"——四方之神；"土"——社神；"岳"——中岳嵩山；牺牲，如"豕""犬"与"宰"以及祭法，如"帝""卯"。

① 有关"卯"之考释，可参见《甲骨文字诂林》第四册第3438～3442页3355辞条与《甲骨文字诂林补编》上册第336页之1221词条所引诸家论述。

② 有关"土"之考释，可参见《甲骨文字诂林》第二册第1180～1191页所引诸家论述。

③ 有关"秦"之考释，可参见《甲骨文字诂林》第二册第1474～1477页与《甲骨文字诂林补编》第387～393页1533辞条所引诸家论述。

④ 有关"岳"之考释，可参见《甲骨文字诂林》第二册第1210～1221页与《甲骨文字诂林补编》上册第336页之1221词条所引诸家论述。

⑤ 屈万里语，见《甲骨文字诂林》第二册第1215～1216页1221辞条所引。

⑥ 屈万里语，见《甲骨文字诂林》第二册第1215～1216页1221辞条所引。屈万里云，"岳"是"求年""求禾"的对象。甲骨文中，关于"求年""求禾"的对象见得最多的是河，岳则占第二位。岳也是求雨的对象。而尤以与"河"并祭或对举的次数为多。见《甲骨文字诂林》第二册第1215页1221辞条所引。

『其有大雨』卜辞

贞：其疾？六月。
贞：其虫（有）大雨？

商王武丁时期
《合集》12704
现藏地不明

辞语解析

大雨　是商人用以形容雨量、雨势的习语。缘于降雨对当时生产、生活的重要影响，商代甲骨文中关于雨的记载极为丰富。商人对于雨量、雨势的区分也非常细致，除上列"大雨"外，还有"小雨""联雨""多雨""雨疾""从雨"及"延雨"等众多恒语，足见商人对于降雨的异常关注。

卜辞大意

卜骨正面契刻商王武丁时期的两条占卜记录，占问事项均为降雨。本次占卜于"六月"举行，主要占问是否会有大雨降临以及雨势是否迅急。

『其自东来雨』卜辞

癸卯卜：今日雨？
其自东来雨？
其自西来雨？
其自北来雨？
其自南来雨？

商王武丁时期
《合集》12870
现藏地不明

辞语解析

自 字作"𦣻"形，是"鼻"之象形。商卜辞中，"自"或用作本义，即"鼻"；或用其引申义，义即自身；或如上列"其自东来雨"，用作介词，义同"由""从"。①

东、西、南、北 是用以标识四方的专有名词。据殷墟出土甲骨文，商人将以殷墟为中心的王畿地区称作"中商"，而其他四维地区则分别称为"东土""南土""西土"与"北土"；由此可知，在商人心目中，王畿地区乃是普天之下四方之中的区域。②

来 字作 "" "" 形，象麦子长有麦穗及芒刺之形。商卜辞中 "来" 或用为本义，作为农作物之专称；或用以指示将来时间；或如上列 "其自东来雨"，假借用作动词，义为 "往来" 之 "来"。[3]

卜辞大意

卜骨正面契刻商王武丁时期癸卯日的占卜记录，首先占问当日是否会降雨；继而进一步占问降雨来自东、西、南、北哪一方向。

---

① 有关 "自" 之考释，可参见《甲骨文字诂林》第一册第 672～6732 页之 0700 词条所引诸家论述。

② 有关商王朝 "王畿" 的研究，可参见《甲骨文字诂林》第三册第 2059～2063 页之 2146 词条所引诸家论述；《殷虚卜辞综述》第 249～264 页；钟柏生《殷商卜辞地理论丛》，台北艺文印书馆，1989 年，第 39～50 页；《商代经济与科技》第 5～7 页；《商代地理与方国》第 69 页；《商代国家与社会》第 296～346 页；《商代社会生活与礼俗》第 10～30 页。

③ 有关 "来" 之考释，可参见《甲骨文字诂林》第二册第 1451～1456 页之 1507 词条所引诸家论述；《甲骨文字诂林补编》第 386 页之 1512 词条所引诸家论述。

『及今十三月雨』卜辞

贞：及〔今〕十三月雨？

贞：出于多介？

出于大甲？

乎𢀛取

□出于𢀛

□出于□

商王武丁时期

《合集》12642

辞语解析

多介 是商人一集合亲属称谓，商代甲骨文中存有"多介祖""多介父""多介兄"及"多介子"之类称谓。"介"，用于亲属称谓，义即"嫡庶"之"庶"。《礼记·曾子问》载："曾子问曰：'宗子为士，庶子为大夫，其祭也如之何？'孔子曰：'以上牲祭于宗子之家，祝曰：孝子某为介子某荐其常事。'"东汉郑玄注："介，副也。不言庶，使若可以祭然。"此以"庶子"称"介子"。又《礼记·内则》文"冢妇所祭祀宾客，每事必请于姑。介妇请于冢妇。舅姑若使介妇，毋敢敌耦于冢妇"，以"介妇"与"冢妇"对言，用以称"冢子"之外诸子之妇，亦取"庶"义。上述商甲骨文中"多介祖""多介父""多介兄"及"多介子"之

"介"，即用"庶"义。商甲骨文中又见商王称故去的父王为"帝"之例，如武丁称小乙为"父乙帝"，商王祖庚、祖甲称武丁为"帝丁"，商王康丁称祖甲为"帝甲"；但不称旁系先王如商王祖庚为"帝"。西周仲师父鼎器铭称亡父为"帝考"，勇叔买殷器铭称亡父为"啻考"。此类称父为"帝"，其义当即后世嫡庶之"嫡"。商甲骨文中"帝""介"之分，亦即嫡庶之别，应与至迟自商王武丁时期已经确立的王位父子相承之制，以及卜辞中反映出的直系先王与旁系先王分别于祭祀中所享受的隆杀殊遇相对应，凡此均是商代宗法制度的表征。[1]

大甲　字作"朴"形，是"大甲"两字合文，即典籍中所记商王"太甲"。《史记·殷本纪》："太甲，成汤之嫡长孙也，是为帝太甲。""大甲"即位，有"伊尹"辅佐，如《史记·殷本纪》载："帝大甲元年，伊尹作《伊训》、作《肆命》、作《徂后》。"《殷本纪》又记："帝太甲既立三年，不明、暴虐、不尊汤法、乱德，于是伊尹放之于桐宫。""大甲"居桐宫三年，学汤之法度，听伊尹之训，悔过、反善、自责、归贤，"于是伊尹乃迎帝太甲而授之政"。《帝王世纪》云"太甲修政，殷道中兴，号曰太宗"，终成商王朝一代名君。据《今本竹书记年》，"大甲"在位十二年而陟。有关"大甲"即位世次及其后商王世次，传世典籍与商甲骨文所记不同：传世典籍载，成汤之后依次为太丁、外丙、仲壬、太甲、沃丁、太庚；而商甲骨文所记则是大丁、太甲、大庚。当以商甲骨文所载为实。[2]

卜辞大意

卜骨正面契刻商王武丁时期的五条占卜刻辞，占问事项分别为降雨及与降雨有关的祭祀。本辞首先占问是否须至年终"十三月"方有降雨，继而又分别占问是否对商王"大甲"以及众多庶亲进行祭祀。其中所涉及商人历法中的闰月以及与"嫡庶"相关的宗法制度，尤其值得关注。

[1] 有关论述可参见裘锡圭《关于商代的宗族组织与贵族和平民两个阶级的初步研究》，《文史》第十七辑，中华书局，1983年，第13～28页；宋镇豪云："甲骨文中的'帝子'（《合集》30390），应读为'嫡子'。"（见《商代社会生活与礼俗》第450页）

[2] 可参见《〈殷本纪〉订补与商史人物征》第123～128页。

『王占曰其雨』卜辞

己卯卜，争贞：今夕［其雨］？王占曰：其雨。之夕［允雨］。

己卯卜，殻贞：出匚于☐

商王武丁时期

《合集》11917

现藏地不明

辞语解析

争 字作"⚡"形，象两手上下争夺之状。争是商王武丁时期一位重要贞人，司职王室占卜，在迄今已发现的商甲骨文中，由"争"参与占卜的占卜刻辞多达1300余条，且商王武丁曾为"争"占问病情，足见其在商王室的重要地位。[①] 本辞"己卯卜，争贞……"，是由争于己卯日所作的占卜记录。辞中"己卯卜，争贞"，记录该次占卜时间（己卯）与贞人（争），学术界将这部分辞语称之为"叙辞"或"前辞"；"今夕［其雨］"为占问事项，占问己卯日夜晚是否会有降雨，学术界将这部分辞语称之为"命辞"；"王占曰：其雨"，商王武丁占断，今夜将有降雨，乃视卜兆得出的判断，学术界将这部分辞语称之为"占辞"。"之夕〔允雨〕"，辞意己卯日夜晚果真降雨，是占卜事后对于该次占卜是否灵验的追述补记，学术界将这部分辞语称之为"验辞"。该条占卜记录具备商甲骨卜辞的完整程式，即"叙辞""命辞""占辞"与"验辞"，记录信息较为完整。

占 字在商甲骨文中早期作"圝""鬯"形；商王帝乙、帝辛时期，其构形作"圯"。该字构形中"囗""冄"，即占卜所用兽类肩胛骨之象，商人占卜大多使用牛肩胛骨；卜即"卜"，是占卜过程中通过烧灼兽骨及龟甲反面钻、凿，对应兽骨及龟甲正面遇热爆裂，随即呈现"卜"字形裂纹，此类裂纹即所谓"兆"；凵，即"口"，以示有所言语。"占"字乃会意占卜过程中依据所用肩胛骨呈现卜兆对所占问事项吉凶作出判断，亦即《史记·龟策列传》语"灼龟观兆"。

曰 字作"凵"形，从口，口上加一画，会意言从口出。商甲骨文中，"曰"或如于商表谱刻辞《合集》24440"月一正曰食麦"中，介于两个名词之间，表示等同关系，义近于"是""即"；或如于本辞"王占曰"中，用为动词，义为"说"。[2]本辞"王占曰：其雨"，记载己卯日占卜过程中，商王武丁依据卜兆判断：当日夜晚将有降雨。这部分辞语，学术界称之为"占辞"。

之夕 "之夕〔允雨〕"，是本辞"己卯卜，争贞……"之"验辞"，即占卜事后对于该次占卜是否灵验的追述补记。"之夕"，指占卜日己卯夜晚。

卜辞大意

卜骨正面契刻商王武丁时期由名"争"与"殻"的两位贞人分别于己卯日所作的两次占卜记录。其中贞人"争"占问事项为降雨，且由商王武丁视兆占断，足见降雨对于当时社会生活的重要影响。此外，该占卜记录具备商占卜记录的完整程式，即"叙辞""命辞""占辞"与"验辞"，记载信息较为完整，有助于我们全面理解商甲骨文内容。

---

① 有关贞人"争"，可参见《〈殷本纪〉订补与商史人物征》第549页。

② 有关"曰"之考释，可参见《甲骨文字诂林》第一册第683～685页之0719辞条所引诸家论述。

『雨不至于夕』卜辞

丁卯卜：雨不至于夕？

丁卯卜：雨其至于夕？子占曰：其至，亡翌戊。用。

己巳卜：雨不征（延）？

己巳卜：雨其征（延）已？子占曰：其征（延）终日。用。

己巳卜，在狀：庚不雨？子占曰：其雨亡司，夕雨。用。

己巳卜，在狀：其雨？子占曰：今夕其雨，若，己雨，其于翌日庚亡司。用。

商王武丁时期

《花园东》94

现藏于中国社会科学院考古研究所

辞语解析

子 字作"𢀖"形，象孺子之形。①

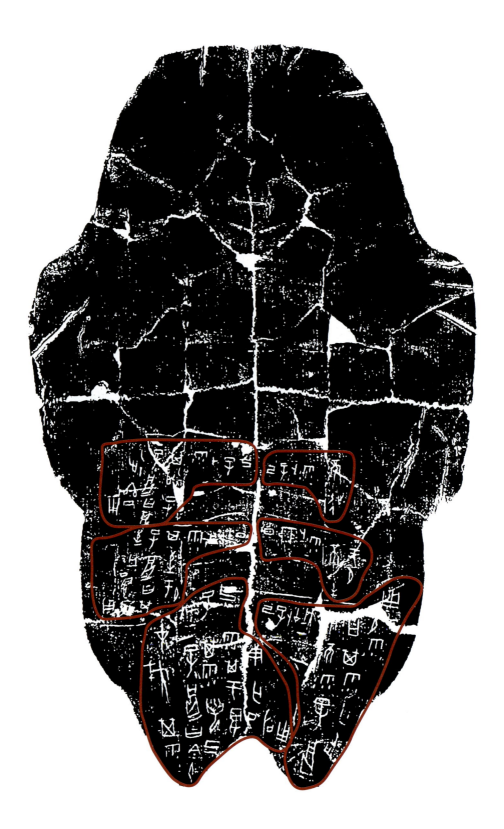

卜辞大意

卜甲正面契刻商王武丁时期丁卯、己巳两日的占卜记录，占问事项均为降雨，问卜者是商王武丁时期一高级贵族，即刻辞中所称之"子"。其中"丁卯"日占卜以正反对贞的形式，占问当日降雨是否将持续至夜晚，"子"视卜兆判断：这场降雨将会持续至夜晚，但不会延续至次日戊辰。己巳日举行两次占卜：其一以正反对贞的形式，占问降雨是否将持续，"子"视卜兆判断：这场降雨将会持续终日；其二在"狀"地以正反对贞的形式，占问次日庚辰是否降雨，"子"视卜兆判断：己巳日夜晚降雨。[②]

"雨不至于夕"刻辞卜甲，1991年10月出土于殷墟花园庄东地编号91花东H3商代甲骨埋藏坑。坑内出土甲骨凡1583版，其中上面契刻占卜记录者689版，且以大块及完整占卜龟甲居多。该批刻辞甲骨是继1936年小屯北地YH127甲骨埋藏坑、1973年小屯南地甲骨发现以来殷墟刻辞甲骨的第三次重大发现，被评为"1991年全国考古十大发现"。该批甲骨时代属于殷墟文化一期，刻辞中某些字体结构、文例均与此前发现的殷墟占卜记录存在较大差异，尤其是该批甲骨所载占卜记录的问卜者是"子"，而非商王，即所谓"非王卜辞"。从该批甲骨刻辞整体观察，辞中尊称"子"者，不仅与商王存有血亲关系，祭祀商先公、先王，与商王武丁配偶"妇好"往来密切；而且拥有臣僚及庞大的占卜机构，于当时统治集团中地位极高。花园庄东地甲骨是一批前所未见的商代原始文献，必将极大推进甲骨学及商代历史的研究。[③]

---

① 有关"子"之考释，可参见《甲骨文字诂林》第一册第546～549页之0590辞条所引诸家论述。

② 本辞中"亡司"，辞意不明，可参见中国社会科学院考古研究所编著《殷墟花园庄东地甲骨》，云南人民出版社，2003年，第六册，第1600页。

③ 中国社会科学院考古研究所编著《殷墟花园庄东地甲骨》，云南人民出版社，2003年。

『贞其雨在师卜』卜辞

贞□在□

贞：其雨？在四月。

贞：其雨？在四月。

贞：其雨？在师卜。

贞：其雨？在四月。

贞：今夕不雨？

贞：其雨？

贞：其雨？

戊辰〔卜〕，骨贞：〔今〕夕〔亡（无）〕囚？

辛未卜，骨贞：今夕亡（无）囚？

贞：今夕不雨？在五月。

贞：今夕不雨？在五月。

贞：今夕不雨？在五月。

贞：其雨？

贞：其雨？

贞：其雨？

商王祖庚、祖甲时期

《合集》24803

现藏于清华大学

甲骨卜辞菁华·气象篇

辞语解析

在　字作"✦""✦"形，即"才"，假借为"在"，西周时期亦然。本辞"在师卜""在四月"及"在五月"，"在"用作介词，表示处所、时间。[1]

亡　作"✦"形，用作有无之"无"。本辞"今夕无囚"，是占问事项，亦即占卜记录之"命辞"，辞意今晚是否无灾祸发生。[2]

师　字作"✦"形，是商军编制之一，例见《合集》33006"丁酉贞：王作三师：右、中、左"；由西周夷王时器禹鼎器铭"西六师""殷八师"可知，"师"也是西周时期军队编制。《诗·小雅·采芑》语句"陈师鞠旅"，东汉郑玄笺谓西周"二千五百人为师"。而有关商军"师"之编制定员，迄今尚未发现确凿证据。商代军事组织与氏族密切关联，编制定员或应采用"十进制"。商甲骨文中所见征召兵源，如"五千""四千""三千"及"一千"，均为"百"之倍数，正是"十进制"。又《尚书·牧誓》载西周初年军队编制，"亚旅、师氏、千夫长、百夫长"，亦均为"十进制"。凡此均可作为探讨商军"师"编制定员之参考。[③]由"贞：其雨？在师卜"，可知该次占卜是于行军途中所作。

卜辞大意

卜甲正面契刻商王祖庚、祖甲时期一位名"骨"的贞人于四五月间戊辰、辛未等日所作的多次占卜记录，[④]占问事项大致分为三类：一类如辞"贞：其雨？在四月"，占问是否降雨；二类如辞"辛未卜，骨贞：今夕亡国"，占问当日夜晚是否无灾祸发生；三类如辞"贞：今夕不雨？在五月"，占问当日夜晚是否降雨。

① 有关"在"之考释，可参见《甲骨文字诂林》第四册第3396～3397页之3332词条所引诸家论述；《字源》第1185页。

② 有关"亡"之考释，可参见《甲骨文字诂林》第四册第3459～3461页之3367词条所引诸家论述。

③ 有关商军之"师"之学术研究状况，可参见《甲骨文字诂林》第四册第3036～3042页与《甲骨文字诂林补编》第743～744页之3001辞条所引诸家论述；张政烺《古代中国的十进制氏族组织》，《历史教学》1951年第9期；《甲骨学一百年》第490～494页；《商代战争与军制》第414～430页。

④ 有关"骨"之考释，可参见《甲骨文字诂林》第三册第2172～2173页之2241词条所引诸家论述；《甲骨文字诂林补编》第545～550页之2245词条所引诸家论述。

『王惠牢田不遘雨』卜辞

王其兽，湄日亡（无）[灾]？

王勿兕，其雨？

王叀（惠）牢田，不遘雨？吉！

甲骨卜辞菁华·气象篇

商王康丁时期

《合集》29248

现藏于中国国家图书馆

辞语解析

王 "王惠牢田不遘雨"中"王"，即商王康丁。据《史记·殷本纪》，商王祖甲崩，其子廪辛继位；商王廪辛崩，其弟庚丁继位。但是，商甲骨文"周祭"祀谱中不见商王廪辛，且商王武乙、文丁时期卜辞中亦未见对于商王廪辛的祭祀。据商甲骨文记载，商王祖甲之后，其子康丁继位。商王康丁，又称"康祖丁"，亦即《殷本纪》所载之"庚丁"，其配偶妣辛进入"周祭"祀谱。商王康丁崩，其子继位，是为商王武乙。

兽（獸） 字作"""形，[1]从犬，从单，其中"犬"为辅助狩猎之犬，而"单"则为狩猎之武器。"兽"之本义为驱犬狩猎，该字即"狩"。本辞中，"兽""田"并举，两辞含义有所区别："兽"仅就狩猎行为而言，而"田"所表达的田猎活动，则涵盖更加深刻的政治、经济及军事意向。

"湄日" 是殷墟出土田猎类卜辞中"命辞"之恒语，或如上列刻辞所言"湄日无灾"；或如《合集》29234"王迩田，湄日不遘大风"，或如《小屯南》116曰"王其田盂，湄日不雨"。对于"湄日"之涵义，杨树达谓："湄当读为弥，弥日谓终日也。"[2]屈万里说同。[3]"王其狩，湄日无灾"，意即占问商王将去狩猎，终日是否无灾祸发生？

"牢""弈" 两地均为商王田猎地名。[4]在殷墟出土有关田猎卜辞中，涉及众多田猎地名，是研究商代地理的重要史料。⑤ 上列"王勿兔，其雨"与"王惠牢田，不遘雨"，占问商王去兔、牢两地田猎，是否会遭遇降雨。在殷墟出土田猎类卜辞中，占问事项主要围绕是否"无灾""遘雨"及"遘风"。

卜辞大意

卜骨正面契刻商王康丁时期的三条占卜记录，占问事项是围绕商王欲行狩猎而占问是否会无灾祸发生，分别去"兔""牢"两地田猎是否遭遇降雨。田猎不同于狩猎，是商王朝一项极为重要的活动，兼具政治、经济及军事性质，该类刻辞在商甲骨文中占有较大比例。且如本辞所载"兔""牢"，辞中涉及众多田猎地点，是研究商代地理的原始史料。

① 有关"狩"之考释，可参见《甲骨文字诂林》第三册第 3082～3086 页之 3056 辞条所引诸家论述。

②《积微居甲文说·卜辞锁记》第 69 页。

③ 有关"湄日"之研究，可参见《甲骨文字诂林》第一册第 582～583 页之 0620 辞条所引诸家论述。

④ 有关"兔"之考释，可参见《甲骨文字诂林》第一册第 40～42 页之 0019 辞条所引诸家论述。有关"牢"之考释，可参见《甲骨文字诂林》第三册第 2004～2005 页之 2047 辞条所引诸家论述。

⑤ 关于卜辞中田猎地名，据陈伟湛统计，达 276 个。可参见陈伟湛《甲骨文田猎刻辞研究》，广西教育出版社，1995 年，第 40～59 页；《甲骨学一百年》第 509～511 页；《商代地理与方国》第 187～198 页。

『王侑岁于帝五臣正惟无雨』卜辞

辛亥卜☒五臣☒

王又（侑）、岁于帝五臣，正？隹（惟）亡（无）雨？

☒卜桒又（侑）于帝五臣，有大雨？

商王康丁时期

《合集》30391

现藏于中国国家图书馆

辞语解析

帝五臣 "帝"，即商人祀典之至上神——"上帝"。本辞占问商王欲对"帝五臣"进行祭祀，能否求得降雨。"帝五臣"，在《合集》34148、34149等其他商占卜刻辞中，又称"帝五玉臣"或"帝五玉"。由此可知，"帝五臣"是商人意念中"上帝"之臣正，供其驱使，职司降雨。

岁（歲） 字作"𢦏""𢦏"形，象斧钺之形。"岁"在商甲骨文中或用作"今岁""来岁"之"岁"，义为一个收获季节；或如本辞用作祭名及用牲之法，读为"刿"，辞意割牲以祭。[1]

于 字作"于""𠀠"形。商占卜刻辞中，"于"之辞性较为复杂，或假借用为连词，意同"与"；或假借用作动词，意同"往"；或如本辞假借用为介词。[2]

隹　字作"𠂤"形，是禽鸟之象形。商占卜刻辞中，"隹"有两义：（一）鸟类；（二）假借用作语气词，商周青铜器铭文中亦然。商代末年，"隹"或增"口"符，孳乳为"唯"，且专用于语气词，与"隹"开始分化。用于语气词之"隹"，后世典籍中作"惟""唯"及"维"。③本辞之"隹"，用作语气词。

卜辞大意

卜骨正面契刻商王康丁时期的一条占卜记录，以正反对贞的形式，占问商王拟对"帝五臣"进行"侑""岁"两种祭祀，能否求得降雨。"帝五臣"，乃商人神灵信仰中至上神——"上帝"之臣工，反映出商人对于其所祀神主的理念，而这些理念无疑是当时人世间社会结构的折射。

① 关于"岁"之考释，可参见《甲骨文字诂林》第三册第2397～2406页与《甲骨文字诂林补编》上册第560～566页之2429辞条所引诸家论述。

② 有关"于"之考释，可参见《甲骨文字诂林》第四册第3436～3437页。

③ 有关"隹"之考释，可参见《甲骨文字诂林》第二册第1667～1670页、1740页之1727、1795辞条所引诸家论述。

『惠小宰有大雨』卜辞

叀（惠）羊有大〔雨〕？
叀（惠）小宰有大雨？
叀（惠）牛有大雨？

商王康丁时期

《合集》30024

现藏于中国国家图书馆

辞语解析

小宰　商甲骨文中或简称为"宰"，上列占卜刻辞中与"牛""羊"相同，皆为牺牲之专名。商甲骨文中又见"牢""大牢"，亦是牺牲之专名。"宰""牢"，其构形从⌒、从牛、羊。⌒，乃取象于圈养牲畜之兽栏；"牢"义为经过特殊豢养用作牺牲之牛，而"宰"则是经过特殊豢养用作牺牲之羊。据商甲骨文记载，"牢""宰"作为牺牲，贵于普通"牛""羊"。《周礼·地官·牧人》载"凡祭祀，共其牺牲，以授充人系之"，东汉郑玄注："授充人者，当殊养之。"又"充人"职记"掌系祭祀之牲牷。祀五帝，则系于牢，刍之三月。享先王，亦如之"，东汉郑玄注云："牢，闲也。必有闲者，防禽兽触齧。养牛羊曰刍。"① 凡此后世特殊豢养牛羊以作牺牲之事，当上承于商人礼俗。

卜辞大意

卜骨正面契刻商王康丁时期的三条占卜刻辞，占问事项均为拟定祭祀而祈雨。该占卜先后分别占问在拟定举行的祈雨祭祀中，使用"牛""羊"及"小牢"，哪一种作为牺牲方能求得神灵降下大雨。

---

① 有关"牢""宰"之考释，可参见《甲骨文字诂林》第二册第 1504～1517 页之 1548 辞条所引诸家论述。

『其作龙于凡田有雨』卜辞

叀（惠）庚焚，有〔雨〕？

其作龙于凡田，有雨？

☑雨？吉。

商王康丁时期

《合集》29990

现藏于加拿大皇家安大略博物馆

辞语解析

作龙　龙字作"🐉"形，是龙之象形，突出刻画角、口及遒劲长躯。"作龙"，即作土龙，是古代中国遭遇旱灾用于祈雨的一种风俗，典籍中此类记载甚多。如《山海经·大荒东经》云："大荒东北隅中有山名曰凶犁土丘。应龙处南极，杀蚩尤与夸父，不得复上，故下数旱。旱而为应龙之状，乃得大雨。"晋郭璞注："今之土龙本此。"《淮南子·地形训》语"土龙致雨"，汉高诱注云："汤遭旱，作土龙以象龙，云从龙，故致雨也。"汉董仲舒《春秋繁露·求雨》记"春旱求雨"之法："以甲乙日为大苍龙一，长八丈，居中中央，为小龙七，各长四丈，于东方，皆东向，其间相去八尺。"东汉王充《论衡·乱龙篇》："董仲舒申《春秋》之雩，设土龙以招雨，其意以云龙相致。"本辞"其作龙于凡田有雨"，即占问制作土龙是否能求得降雨。由此可知，远在商王朝已有"设土龙以招雨"之事。[①]

凡 字作"凵"形，即商周时期竖起"盘"之象形，亦即"槃"之初文。本辞"其作龙于凡田"之"凡"，用为地名。[2]

卜辞大意

　　卜骨正面契刻商王康丁时期的两条占卜刻辞，占问事项均为拟定祭祀而祈雨，其中涉及古代中国的两种求雨风俗：焚女与土龙致雨。"土龙致雨"，即制作土龙以求降雨，此种风俗在《山海经》《淮南子》及《春秋繁露》等典籍中记载甚多。商甲骨文中记载的土龙致雨，折射出商人对于龙的某些认知，有助于我们更加全面考察"龙"在中华文明进程中的形成轨迹。

---

[1] 关于商人作土龙求雨，可参见裘锡圭《说卜辞的焚巫尪与作土龙》，《甲骨文与殷商史》，上海古籍出版社，1983年。

[2] 有关"凡"之考释，可参见《甲骨文字诂林》第四册第2843~2850页与《甲骨文字诂林补编》下册第691~696页之之2845辞条所引诸家论述。

甲骨卜辞菁华·气象篇

『兹月至生月有大雨』卜辞

羊月酚，王受祐？
兹月至生月有大雨？
［兹］月至［生］月［亡（无）］大雨？

商王康丁时期
《合集》29995
现藏于美国卡内基博物馆

辞语解析

兹月、生月　均是商人对于月序的称谓；"兹月"，即指当月，而"生月"则是相对"兹月"而言，意指下月。[①]本辞是以正反对贞的形式，占问自占卜当月至下月期间是否会有大雨降临。

卜辞大意

卜骨正面契刻商王康丁时期的三条占卜刻辞，占问事项分别为祭祀与降雨；其中占卜降雨采用正反对贞的形式，占问自该月至下月期间是否会降大雨。"有大雨"即是从正面占问，而"无大雨"则是从反面占问。辞中"兹月""生月"皆是商人对于月序的称谓。

---

① 可参见《殷虚卜辞综述》第117～118页；裘锡圭《释"木月""林月"》，《古文字研究》第二十辑，中华书局，2000年；《裘锡圭学术文集·甲骨卷》，复旦大学出版社，2015年，第338～343页。

『食日至中日不雨』卜辞

弜田，其遘大雨？
自旦至食日不雨？
食日至中日不雨？
中日至昃不雨？

商王武乙、文丁时期

《小屯南》42

1974年河南安阳小屯出土

现藏于中国社会科学院考古研究所

辞语解析

弜 字作"𢀜""𢀛"形。商甲骨文中，"弜"假借用作副词，表示否定意愿，相当于"不要"。商甲骨文中另一表示否定意愿的副词"勿"，用法与"弜"相似。①

甲骨卜辞菁华·气象篇

旦、食日、中日、昃　均为商人于一日之内对于时间分段的称谓，目的在于更好安排生产和生活。其中，"旦"为天明之时，"食日"为早食之时，"中日"即正午之时，而"昃"即日偏西人影倾斜之时。据商甲骨文，"昃"时之后，尚有"郭兮"与"昏"两个时段相次，"昏"即日入之时。如此，"旦""食日""中日""昃""郭兮""昏"，此六个称谓是商人对于白昼的时间分段，且在此六个时段之间还存在更加细致的划分。本辞"自旦至食日不雨""食日至中日不雨""中日至昃不雨"，即分别占问三个前后相次的时段是否会降雨。相较于白昼，商人对于夜间时段划分较为粗疏，目前仅见"杪""住""夙"少数称谓。如此而言，商人基本遵循日出而作、日入而息的生活方式。商王朝早、中、晚不同时期，关于时间分段划分有所变化，尚需学术界进一步研究。[2]

卜辞大意

　　卜骨正面现存商王武乙、文丁时期的四条占卜刻辞，占问事项为降雨。本次占卜首先占问商王是否应去田猎，是否会遭遇大雨；进而又对自天明至午后日偏西的三个时段分别占问是否会降雨，以免影响田猎。本辞涉及商人田猎及于一日之内的部分时间分段，可以帮助我们进一步了解当时的生活习俗。

---

① 有关"弜"之考释，可参见《甲骨文字诂林》第三册第 2623～2630 页之 2630 词条所引诸家论述。

②《小屯南地甲骨考释》第 137～141 页；《甲骨学一百年》第 665～670 页。

『不联雨』卜辞

甲子贞：大邑受禾？
不受禾？
甲子卜：不联雨？
其联雨？
甲子贞：大邑又入在癸？
戊辰卜：又（侑）妥，妣己一女，妣庚一女？

商王武乙、文丁时期
《合集》32176
现藏于中国国家图书馆

辞语解析

大邑 据《史记·殷本纪》记载，商王朝自成汤至商王盘庚期间，五次迁徙国都。20世纪50～80年代，通过田野考古工作，发现偃师商城与郑州商城是目前探寻商王朝早期都城的主要遗存。约公元前1300年，商王盘庚迁都于"殷"（今河南安阳），直至公元前11世纪中期帝辛失国，一直都殷。此即《竹书纪年》所云"自盘庚迁殷，至纣之灭，二百七十三年，更不徙都"。河南，始终是商王朝统治的中心区域。

据殷墟出土甲骨文，如《合集》20650所记，商人将河南地区称作"中商""商"；商代晚期，此前所称之"中商""商"，如《合集》32176、36482所载，又或称"大邑"或"大邑商"；且如《合集》36975所记，商人以"商"与"四土"对举而言。由此可知，在商人心目中，凡此所称之"商""中商""大邑"及"大邑商"，作为其统治中心区域，是为普天之下四方之中。而这个区域乃是商王朝行政管理的"内服"，亦即后世所称之"王畿"。今河南省境内发现的众多商王朝考古学文化遗存，其面貌也大多呈现出一致性，是"王畿"的实物验证。[①]

受禾 是殷墟甲骨文中一恒语，或称"受年"。"年"，《说文解字》云："谷熟也。"《春秋·桓公三年》语"有年"，又宣公十六年记"大有年"，《谷梁传》云："五谷皆熟，为有年也。"《诗·鲁颂·有駜》句"自今以始，岁其有。君子有谷，诒孙子"，传云："岁其有，丰年也。"是知"有年""岁其有"，意为丰收；反之，庄稼歉收，亦即《周礼·地官·均人》所谓"无年"。上列"甲子贞：大邑受禾"中"受禾"及其他占卜刻辞中"受年"，与上述典籍中"有年"意同。本辞以正反对贞的形式，占问"大邑"王畿是否会收获五谷丰足。

稽考《合集》《小屯南》及《英国所藏甲骨集》之类有关殷墟出土甲骨文著录，涉及"受年""受禾"之类占卜刻辞，凡597例，从中可见商王对于粮食收成极为关注。[②]

联雨　联字作"⟨⟩""⟨⟩"形，从耳从丝，《说文解字》曰："连也。"唐释玄应《一切经音义》卷十二引《声类》云："联，连绵不绝也。"商甲骨文中，"联雨"辞义雨势连绵不止。"甲子卜：不联雨？其联雨"，是甲子日以正反对贞的占卜形式占问是否会出现降雨连绵不止的情况。[3]

反　字作"⟨⟩"形，象以手按执跽跪之人，[4]该字即"服"之初文。殷虚出土甲骨文中，"反"义为战俘，时常与牛、羊、豕等牲畜并举作为祭品。"戊辰卜：又（侑）反……"，是戊辰日占问以"反"作为"人牲"献祭妣己与妣庚。又据《合集》22231记载，商王室曾以"反"30人作为"人牲"祭祀妣庚，足见当时身为"反"境遇之悲惨。[5]

卜辞大意

卜骨正面契刻商王武乙、文丁时期甲子、戊辰两日的占卜记录，凡四条占卜刻辞。其中甲子日占卜辞以正反对贞的形式，分别占问两个具体内容：（一）降雨是否连绵不止；（二）王畿地区是否会获得五谷丰年，而戊辰日占卜则占问以"反"为"人牲"，祭祀妣己与妣庚。[6]

---

① 有关"大邑"之考释，可参见《殷虚卜辞综述》第255～257页；李学勤《殷代地理简论》，科学出版社，1959年；郑杰祥《商代地理概论》，中州古籍出版社，1994年；《商代国家与社会》第296～311页；宋镇豪《论商代的政治地理结构》，《中国社会科学院历史研究所学刊》第1集，社会科学文献出版社，2001年；《商代地理与方国》第31～69页；王震中著《商代都邑》，中国社会科学出版社，2016年，第459～486页；《商代经济与科技》第5～7页。

② 有关"受年""受禾"之考释，可参见《殷虚卜辞综述》第223～226页；《甲骨文字诂林》第二册第1438～1441页之1502辞条所引诸家论述；《甲骨学一百年》第522页。

③ 有关"联"之考释，可参见《甲骨文字诂林》第一册第652～653页与《甲骨文字诂林补编》上册第181～182页之0682词条所引诸家论述。

④ 郭沫若《卜辞通纂考释》，科学出版社，1983年，第781页。学者或云："而此'反'字，或专指被抓获之女俘而言。"见《商代国家与社会》第236页；

有关"反"之考释，可参见《甲骨文字诂林》第一册第407～409页之0354辞条所引诸家论述。

⑤《商代国家与社会》第236～238页。

⑥ 此片卜骨之左下侧骨，又为《合集》33129著录。

「焚嫜」卜辞

庚戌卜：叀（惠）王自奉于岳？

庚戌卜：王求省大乙？

丙辰卜：于土宁风？

☐己☐雨

己丑卜：今日雨？

☐土宁风

王求雨于土？

丙戌卜：焚嫜？

丙戌卜：焚母？

庚戌卜：王求省大甲？

庚戌卜：王求省祖乙？

庚☐燎☐祖☐于

庚戌卜：燎一☐祖

庚戌卜：燎一牛祖☐一牢

庚戌叀乞肩三旬

商王武乙、文丁时期

《合集》32301

现藏于上海博物馆

辞语解析

王　本辞之"王"，是商王武乙、文丁之一。"武乙"为商王康丁之子，商甲骨文中有载；据商代晚期青铜器辖段器铭"遘于妣戊武乙奭"，武乙配偶"妣戊"。武乙崩，其子继位，即商王文丁。商甲骨文中，文丁又称"文武丁"。文丁崩，其子继位，即商王帝乙。

求雨　是商甲骨文中一恒语，辞意祈求时雨。"王求雨于土"，即占问商王向"土"祈求降雨。本辞中"土"，即"社"，是商人祈求时雨、止息风灾的主要神主。

焚　字作"🔥""🔥"形，象燃火焚人之状。① "丙戌卜：焚嫜"与"丙戌卜：焚母"，两辞拟定分别焚烧"嫜"与"母"以"求雨"，"嫜""母"均为女性。与之同类占卜刻辞多见，如《合集》1130"勿焚妭无其雨？惟妭焚有雨"。此类焚烧女性占卜刻辞所涉及事项均为商人"求雨"之祭祀。《左传·僖公二十一年》记："夏，大旱。公欲焚巫、尪。臧文仲曰：'非旱备也。修城郭、贬食、省用、务穑、劝分，此其务也。巫、尪何为？天欲杀之，则如勿生；若能为旱，焚之滋甚。'"又《礼记·檀弓下》载："岁旱，穆公召县子而问然，曰：'天久不雨，吾

甲骨卜辞菁华·气象篇

欲暴尪而奚若？'曰：'天则不雨，而暴人之疾，子虐，毋乃不可与？''然则吾欲暴巫奚若？''天则不雨，而望之愚妇人，于以求之，毋乃已疏乎？'"凡此后世典籍中所述焚巫求雨，与商甲骨文中"焚婡""焚母"及"焚姳"之事相同，无疑乃商人求雨风俗之孑遗。

庚戌夹乞肩三旬 是"焚婡"刻辞卜骨正面一句倒向契刻文辞，同类刻辞又如《村中》380"庚戌夹乞肩六旬"、《小屯南》783"癸卯夹乞旬肩三"及《小屯南》3028"乙未夹乞肩六自正旬"等，是商甲骨文"历组卜辞"骨面记事刻辞。此类刻辞文意或大致记录占卜用骨的来历与整治，而对于其具体涵义，目前学术界尚存不同认识。[②]

卜辞大意

卜骨正面契刻商王武乙、文丁时期庚戌、丙辰、丙戌与己丑四日的占卜记录，凡13条占卜刻辞，占问事项或为降雨，或为"求雨""宁风"，亦即祈求时雨，止息风灾。其中丙戌日两条占卜刻辞，竟记载通过焚烧女性以求降雨！而这种野蛮残忍的"求雨"习俗亦见于后世古代中国。

[①] 关于"焚"之考释，可参见《甲骨文字诂林》第二册第1228～1236页与《甲骨文字诂林补编》上册第337页之0682词条所引诸家论述；《字源》下册，第889页。

[②] 齐文心《历组肩胛骨记事刻辞试释》，《中国史研究》1991年第4期；《甲骨学一百年》第247～248页；《殷虚卜辞综述》第13～19页。

『己巳卜雨』卜辞

正面

卜辞	序数
己巳卜：雨？允雨。	一
己巳卜：辛雨？	一
己巳卜：壬雨？	三
己巳卜：癸雨？	三
己巳卜：庚雨？	三
己巳：庚不雨？用。	三
己巳：辛雨？	三
丙子卜：丁雨？	三
丙子卜：丁不雨？	三
丙子卜：燮，雨？	三
丙子卜：戊雨？	三
丙子卜：燎🐱，雨？	三
丙子卜：燮目，雨？	三
丙子卜：燮，弜雨？	三
丙子卜：燮，庚雨？	三
戊寅：雨？	三
戊寅卜：己允雨？	三
庚辰卜：雨？	三
庚辰卜：辛雨？	一
庚辰卜：壬雨？	一

卜辞	序数
甲申卜：🐱、目、岳羊？	三
甲申卜：🐱十山？	一
甲申卜：🐱十山？	二
甲申卜：🐱十山？	三
甲申卜：丙雨？	
甲申卜：丁雨？	
乙酉卜：丙戌雨？	
戊雨？允雨。	
己丑卜：戊戌雨？允雨。	二
己丑卜：🐱，目、岳羊？	三
己丑卜：🐱，庚雨？	
己丑卜：庚雨？	三

反面

丁丑卜
戊辰雨？
戊辰不雨？
二日，今雨己巳。
癸亥力乞肩三

商王武乙、文丁时期
《合集》33747
现藏于中国国家图书馆

辞语解析

🐱、目、岳、十山　于本辞"己巳卜：雨"中是为商人祈雨之四位神主。① "岳"，即中岳嵩山，商甲骨文中字作"🐱""🐱"形，②下部从山，上部层峦迭嶂，③山势连绵高邈，与《说文解字》古文"岳"构形相同。在迄今所见殷墟出土甲骨文中，"岳"出现约200次，④常与"河"对举，同为"祈雨""秦禾"的

四
雨

主要神主。《晏子春秋·内篇谏上》记："齐大旱逾时，景公召群臣问曰：'天不雨久矣，民且有饥色。吾使人卜，云祟在高山广水。寡人欲少赋敛以祠灵山，可乎？'"待晏子进谏劝止之后，又记："公曰：'不然，吾欲祠河伯，可乎？'"文中以"高山""广水"为干旱之咎，且欲并祀"灵山""河伯"，此与商甲骨文中"河""岳"同为"祈雨"的主要神主，且常以两者并举事例相同。商甲骨文中所见施于"岳"之祭法，如上列"己巳卜雨"刻辞所示，多为"燎"。⑤

燮 字作"🔥""🔥"形，以手持火之状，用作祭法，火烧之意甚明。⑥"己丑卜：燮🔥、目、岳羊"之"燮"，作为祭法施于"🔥""目""十山"与"岳"四位祈雨神主。

羊 字作"🐑""🐑"形，重在突出羊角特征，以代表该牲。"羊"是商人常用之祭品，商甲骨文中习见，。"己丑卜：燮🔥、目、岳羊"，占问以"羊"作为祭品，向"🔥""目"与"岳"三位神主进行"燮"祭祈雨。⑦

癸亥力乞肩三 反向契刻于卜骨反面左侧边缘，同类刻辞如《村中》380"庚戌奂乞肩六旬"、《小屯南》783"癸卯奂乞甸肩三"及《小屯南》3028"乙未奂乞肩六自正旬"等例，是商甲骨文"历组卜辞"骨面记事刻辞，其意或大致记录占卜用骨的来历与整治，而对于其具体涵义，目前学术界尚存不同认识。⑧

卜辞大意

卜骨正、反面契刻商王武乙、文丁时期于戊辰、己巳、丙子、丁丑、戊寅、庚辰、甲申、乙酉及己丑连续多日所作的三十余条占卜记录，凡218字，占问事项大多为次日及后日是否降雨。少数占问拟定用于祈雨之祭祀。辞中涉及商人祀典中部分神主，如"岳""十山"等；祭法，如"燎""燮"；祭品，如"羊"。该卜骨纵43.50厘米，横24厘米，尺寸巨大，正面存5个钻、凿及灼，反面存数列47个钻、凿及灼，且占卜刻辞保存完整，极为罕见，对于甲骨学及商史研究具有重大学术价值。⑨

---

① 关于"🔥"之考释，可参见《甲骨文字诂林》第三册第1897～1899页之1946辞条所引诸家论述。

关于"目"之考释，可参见《甲骨文字诂林》第一册第551～554页、555～556页601、604辞条所引诸家论述。

关于"十山"之考释，可参见《殷虚卜辞综述》第594～596页；《商代宗教祭祀》第159页；《甲骨文字诂林》第二册第1202～1205页之1218辞条所引诸家论述。

② 关于"岳"之考释，可参见《甲骨文字诂林》第二册第 1210～1221 页 1221 辞条与《甲骨文字诂林补编》上册第 336 页之 1221 词条所引诸家论述。

③ 屈万里语，见《甲骨文字诂林》第二册第 1215～1216 页 1221 辞条所引。

④ 屈万里语，见《甲骨文字诂林》第二册第 1215～1216 页 1221 辞条所引。屈万里云，"岳"是求年、求禾的对象。

⑤《殷虚卜辞综述》第 352 页。

⑥ 关于"尞"之考释，可参见《甲骨文字诂林》第四册第 3363 页之 3313 辞条所引诸家论述。

⑦ 关于"羊"之考释，可参见《甲骨文字诂林》第二册第 1537 页之 1561 辞条所引诸家论述。

⑧ 齐文心《历组肩胛骨记事刻辞试释》，《中国史研究》1991 年第 4 期；《甲骨学一百年》第 247～248 页；《殷虚卜辞综述》第 13～19 页。

⑨ 有关该片卜骨，可参见胡辉平《最大牛肩胛骨》，载陈红彦主编《金石碑拓善本掌故（一）》，上海远东出版社，2017 年 1 月，第 13～18 页。

甲骨卜辞菁华·气象篇

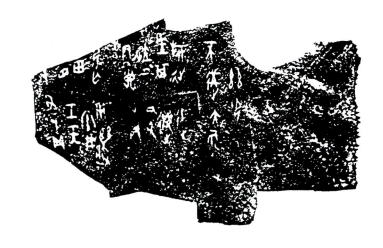

『王其振旅，徙逐，不遘大雨』卜辞

丙子卜，贞：翌日丁丑王其振旅，徙逐，不遘大雨？兹御。

辛丑卜，贞：〔翌〕日壬王田宰，弗御无灾？

商王帝乙、帝辛时期
《合集》38177
现藏于加拿大皇家安大略博物馆

辞语解析

振旅　"振旅"一辞亦见于商周时期青铜器铭文，如西周早期中觯器铭"王大省公族于唐，'振旅'"。究其辞义，"振旅"即习战练兵。《周礼·夏官·大司马》载"中春教振旅，司马以旗致民，平列陈，如战之陈""中秋教治兵，如振旅之陈"，《春秋谷梁传·庄公八年》曰"出曰治兵，习战也；入曰振旅，习战也"，又《左传·隐公五年》语"三年而治兵，入而振旅"，晋杜预注云："振旅即整军"。凡此后世典籍所载之"振旅"，皆为习战练兵，与本辞"王其振旅"及西周早期中觯器铭之"振旅"意同，从中可见古代中国文化之内在传承。[①]

遾 字作"遾""遾""遾""遾"形，所从"𠂤"即戈柲之象形。[2]本辞"丙子卜……"中之"遾"，读为"毖"，辞意对某一对象加以敕戒镇抚。

卜辞大意

卜骨正面契刻商王帝乙、帝辛时期丙子、辛丑两日的占卜记录。其中丙子日所作占卜占问次日丁丑商王欲进行习战练兵，进而进行敕戒镇抚，是否会遭遇大雨；而辛丑日所作占卜则占问的则是次日壬寅商王去牢地田猎，是否会有灾祸发生。[3]

---

① 刘钊《卜辞所见殷代的军事活动》，《古文字研究》第十六辑，73～74页；又见于省吾主编《甲骨文字诂林》第二册第1132～1133页之1167辞条。

② 关于"遾"之考释，可参见《甲骨文字诂林》第三册第2256～2262页与《甲骨文字诂林补编》上册第560～566页之2307辞条所引诸家论述；裘锡圭《释"柲"》，《古文字研究》第三辑，中华书局，1980年。

③ 姚孝遂主编、肖丁副主编《殷墟甲骨刻辞摹释总集》，中华书局，1998年，下册，第876页该条卜辞中"振旅"作"遴旅"；白于蓝著《殷墟甲骨刻辞摹释总集校订》，福建人民出版社，2004年，第293页校订为"振旅"。

五、雹、雪、雾、霾

『生十月雨其惟雹』卜辞

丙午卜，韦贞：生十月雨其佳（惟）雹？

丙午卜，韦贞：生十月不其雹雨？

商王武丁时期

《合集》12628

现藏于中国国家图书馆

五 雹、雪、雾、霾

辞语解析

生十月　是商人对于月序的称谓。据商甲骨文记载，商人将当月称作"兹月"或"今月"，而将下月则称为"生月"。"生十月雨其惟雹"，是占问下月即"十月"是否会出现冰雹天气。由此可知，该次占卜乃举行于"九月"。[①]

雹　字作"𣲗""𠕀"形，会意冰雹自天而降。《说文解字》存"雹"之古文作"𩅧"，与商甲骨文中"雹"字比较，构形虽略有改易，但尚存初形，二者体犹相近。1942年9月湖南长沙东郊子弹库战国晚期楚墓出土《楚帛书》"雹"作"𩆂"，其构形中"霝"，即是由"𣲗"演化至"𩅧"的变易形体；"八"，即声符"包"

之所从。而"雹"进一步简化，即为《说文解字》从雨从包之"雹"。②"雹"，《说文解字·雨部》云："雨夊也，从雨包声。"清段玉裁注谓："雨夊，谓自上而下之夊也。"又《说文解字·雨部》曰："雨，水从云下也。"清段玉裁注云："引申之凡自上而下者称雨。"上列刻辞"雨其惟雹"，犹言"雨雹"，取冰雹如雨自上而下之象。而"雨雹"亦正是后世所称冰雹之恒语，如《春秋·僖公二十九年》载："秋，大雨雹。"又《昭公三年》记："冬，大雨雹。"《汉书·五行志》曰："元丰三年十二月，雷，雨雹，大如马头。宣帝地节四年五月，山阳济阴雨雹，如鸡子，深二尺五寸，杀二十人，飞鸟皆死；其十月，大司马霍禹宗族谋反，诛，霍皇后废。成帝和平二年四月，楚国雨雹，大如斧，飞鸟死。"由此可见我国古代文化内在之传承。

卜辞大意

卜甲正面契刻商王武丁时期一位名"韦"的贞人于"九月"丙午日所作的占卜记录，占问事项为天气状况。该占卜以正反对贞的形式，占问在即将到来的"十月"是否会出现冰雹天气。而综合考察商甲骨文此类"雹"的记载，并参照后世典籍中相关记述，不仅可以帮助我们洞察古人对于"雹"的理解，也可更加全面了解当时历法、天气及环境状况。

---

① 有关"生月"之考释，可参见《殷虚卜辞综述》第117～118页；裘锡圭《释"木月""林月"》，《古文字研究》第二十辑，中华书局，2000年；《裘锡圭学术文集·甲骨卷》，复旦大学出版社，2015年，第338～343页。

② 有关"雹"之考释，可参见《甲骨文字诂林》第二册第1155～1156页与《甲骨文字诂林补编》第330～331页之1181辞条所引诸家论述。

『兹雹惟降囚』卜辞

癸未卜，宾贞：兹雹佳（惟）降囚？

癸未卜，宾贞：兹雹不佳（惟）降囚？十一月。

商王武丁时期

《合集》11423正

现藏于台北"中央研究院"历史语言研究所

辞语解析

兹 字作"⠿"形，象两束丝之形，亦"丝"字，商甲骨文中皆假借用作"兹"，作为指示词或指示代词，部分辞意即《尔雅·释诂》："兹，此也。"青铜器铭文中亦然。本辞"兹雹"，意即此次冰雹。用于指示天气状况，商甲骨文中又见"兹雨""兹雷"及"兹云"。①

降囚 降字作""""形，象左右两足自上而下；而"囚"于商卜辞中则用以表示灾咎之义。商人以为，无论风霜雨雪、雾霭虹霓之类自然现象，或是人世间生老病死、吉凶祸福，均为神灵左右，既可以福佑人间，也能灾祸世人。由此，商甲骨文中在表示灾祸、疾病及福佑之类辞语前或置"降"字，以示凡此种种皆为神灵所降。本辞"降囚"，意即神灵降下灾祸。其他卜辞中又见"帝其降囚""帝惟降歆""贞无降疾""帝降若"及"降永"同类辞语。同时，本辞"兹雹惟降囚"，语意中"灾祸"或许并非仅就此次冰雹对草木五谷及家畜所造成的灾害而言，而且也隐含另外一层含义。②《春秋·昭公四年》载："四年春王正月，大雨雹。"《左传》云："季武子问于申丰曰：'雹可御乎？'对曰：'圣人在上，无雹；虽有，不为灾。古者日在北陆而藏冰，西陆朝觌而出之。其藏冰也，深山穷谷，固阴冱寒，于是乎取之；其出之也，朝之禄位，宾、食、丧、祭，于是乎用之。其藏之也，黑牡、秬黍，以享司寒；其出之也，桃弧、棘矢，以除其灾。其出入也时。食肉之禄，冰皆与焉；大夫命妇，丧浴用冰。祭寒而藏之，献羔而启之。公始用之，火出而毕赋。自命夫、命妇至于老疾，无不受冰。山人取之，县人传之，舆人纳之，隶人藏之。夫冰以风壮，而以风出，其藏之也周，其用之也遍，则冬无愆阳，夏无伏阴，春无凄风，秋无苦雨，雷不出震，无灾霜雹，疠疾不降，民不夭札。今藏川池之冰弃而不用，风不越而杀，雷不发而震。雹之为灾，谁能御之？'"《太平御览》卷八七七"咎征部四"引《春秋考异邮》曰：僖公九年秋与昭公三年冬，并大雨雹；时僖公专乐齐女、绮画珠玑之好，掩月光阴精，凝为灾异；昭公事晋，阴精用密故灾。又引《京房易飞候》曰：雹下尽树木枝，害五谷者，君赋敛克民。凡此所述，是古人以为冰雹乃人祸所致之天谴，而此类天谴或是商人最为关注。

十一月 本辞中用以标识该次占卜举行之时间，亦即该次冰雹天气发生时间。而如《合集》12628"生十月雨其惟雹"，则是占卜"十月"是否会出现冰雹天气。由此可知，商代晚期，当时河南安阳地区"十月""十一月"为冰雹天气出现之月份。综合考察商甲骨文中各类气象记录，不仅可作为研究商代气候状况的可信原始资料，也可为复原商代历法提供重要参照。

卜辞大意

卜甲正面契刻商王武丁时期一位名"宾"的贞人于"十一月"癸未日所作的占卜记录，该占卜占问事项为天气状况。以正反对贞的形式，占问这场冰雹是否会带来灾祸。正面占问即辞"惟降囚"，意即灾祸降临；而辞"不惟降囚"则是灾祸不降临，即反面占问。

---

① 有关"兹"之考释，可参见《甲骨文字诂林》第四册第 3194～3196 页 3161 辞条所引诸家论述；《甲骨文字诂林补编》第 781～782 页之 1181 辞条所引诸家论述。

② 有关"降"之考释，可参见《甲骨文字诂林》第二册第 1255～1256 页与《甲骨文字诂林补编》第 344 页之 1275 辞条所引诸家论述。

五

雹、雪、雾、霾

『子占曰：今夕雪』卜辞

乙亥夕卜：丁不雨？

乙亥夕卜：其雨？子占曰占曰：今夕雪，其于丙雨，其多日。用。

丁卜：雨不征（延）于庚？

丁卜：[雨]其[征（延）]于庚？子占曰：□。用。

甲骨卜辞菁华·气象篇

商王武丁时期

《花园东》364

现藏于中国社会科学院考古研究所

辞语解析

雪 字作"𩆟"形。如本辞"子占曰：今夕雪"所载，商人占卜降雪，大多与降雨同卜，其中反映出当时河南安阳地区的气候状况。[1]

卜辞大意

卜甲正面契刻商王武丁时期乙亥、丁丑两日的占卜记录，占问事项均为降雨。问卜者是商王武丁时期一高级贵族，即辞中所称之"子"。其中乙亥日占卜举行于夜晚，以正反对贞的形式占问后日丁丑是否降雨。商贵族"子"视卜兆判断：乙亥当日夜晚将有降雪，次日丙子将有降雨，且持续多日。而丁丑日占卜则是以正反对贞的形式占问降雨是否会持续至四日后庚辰日；由此可知，丁丑日举行占卜时，正在降雨。[2]

五
雹、雪、雾、霾

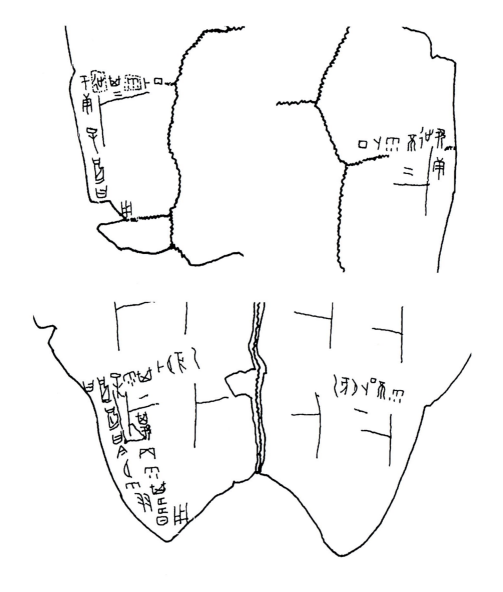

甲骨卜辞菁华·气象篇

---

① 有关"雪"之考释，可参见《甲骨文字诂林》第二册第1159～1160页之1186辞条所引诸家论述。

② 商"子占曰：今夕雪"刻辞卜甲图版采自中国社会科学院考古研究所编著《殷墟花园庄东地甲骨》，云南人民出版社，2003年，第五册第1429页图版423；拓片采自第三册第802页图版364；有关文字参见第六册第1716页。

『妹霿』卜辞

辛巳[卜，贞]…今日雨？
妹霿？

戊[子]卜，贞…今日不雨？
其雨？

□□卜，贞…[今日]不雨？

商王帝乙、帝辛时期
《合集》38197
现藏于吉林大学

辞语解析

妹 字作"糅""糅""耒"形，从女，从未。本辞"妹霿"，同类卜辞如《合集》38025又作"妹其霿"。"妹"即"昧爽"，是商周时期对于天将明时段之称谓，例见西周成王时期小盂鼎器铭"辰在甲申昧爽"及《尚书·牧誓》"时甲子昧爽"。①每逢秋、冬及春季清晨，气温较低，此时雾气最浓；而殷墟出土甲骨文中有关雾气升腾时间的记载，大多例如上述"妹其霿""妹霿"，辞意"昧爽"之时雾气生起，所述与自然现象正相契合。综合考察上列"妹霿"刻辞及其他同类刻辞记载，可知商人对于"雾"的形成条件与发生时间均有明确认识，而这种科学认知应缘于长期生产生活实践中对自然细致观察的积累。

霺 字作"霺""霺"形，从雨，从敏，读为"雾"。[2]雾作为一种天气现象，须在水汽充足、微风及大气稳定状态下，相对湿度达到100%，空气中水汽方能凝结成细微水滴悬浮于空中，从而形成雾。如本辞"妹霺"及殷虚出土甲骨文同类卜辞所载，大多"雨""雾"同卜，而"雨"则为"雾"的形成提供了必要的湿度条件。

卜辞大意

　　卜骨正面契刻商王帝乙、帝辛时期辛巳、戊子等三日的占卜记录，占问事项均为天气状况。三日占卜均是占问当日是否将有降雨，而辛巳日的占卜还同时占问清晨是否起"雾"。该占卜记录中，"雨""雾"同卜，且着重占问清晨起雾情况，在殷墟出土甲骨文同类卜辞中较为典型，符合雾气形成的自然状态，是研究商代河南安阳地区气候状况的可信史料。

---

① 有关"妹"之考释，可参见《甲骨文字诂林》第一册第461页之0437词条所引诸家论述。

② 有关"霺"之考释，可参见《甲骨文字诂林》第二册第1160～1161页之1187词条所引诸家论述。

『兹雨惟霾』卜辞

贞：……兹雨不隹（惟）霾？
贞：……[兹]雨隹（惟）霾？

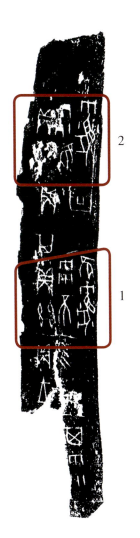

2

1

五　雹、雪、雾、霾

商王武丁时期

《合集》13467

现藏于台北"中央研究院"历史语言研究所

辞语解析

霾　字作"𩂳"形。《诗·邶风·终风》语"终风且霾，惠然肯来"，"霾"，毛传："雨土也。"《尔雅·释天》云"风而雨土为霾"，又《释名·释天》"风而雨土曰霾"，北宋邢昺注引三国孙炎疏曰："大风扬尘土从上下也。"《晋书·天文志中》云："凡天地四方昏蒙若下尘，十日五日已上，或一月，或一时，雨不粘衣而有土，名曰霾。"由此可知，"霾"，作为一种天气状况，由风将尘土卷起，自上而下如雨而落，是故古人亦称"霾"为"雨土"。上列"兹雨惟霾"，亦即"雨霾"，辞意霾土如雨自上而下，与上述文献中"雨土"辞例及辞意相同，本辞中"霾"用作名词。又例《合集》13468"贞翌丁卯酚丁霾"，占问次日丁卯举行祭祀，是否有"霾"，此"霾"则用作动词。[①]

此外，古人以为"雨土"乃天地所降之灾祸。1942年9月湖南长沙东郊子弹库战国晚期楚墓出土《楚帛书》甲篇述及：日月星辰运行失调，天地则降下灾殃种种，如草木无常，山陵崩堕，"又雾霜雨土"。[②]古人又以为"雨土"乃人祸所致之天谴，如《太平御览》卷八七七"咎征部四"引《京房易》传曰："内淫乱，百姓劳苦，则天'雨土'。此小人将起，是谓黄生月土失其性则雨，尘土、沙灰皆土之类。"又引《尚书中侯》曰："夏桀无道，山亡土崩；殷纣时十日'雨土'于亳，纣竟国亡。"

卜辞大意

卜骨正面契刻商王武丁时期的一条占卜记录，占问事项为天气状况。该占卜以正反对贞的形式，占问是否有"霾"。

而综合考察商甲骨文中此类"霾"的记载，并参照后世典籍中相关记述，不仅可以帮助我们洞察古人对于"霾"的认知，也可更加全面了解当时河南安阳地区的天气及环境状况。

---

① 有关"霾"之考释，可参见《甲骨文字诂林》第二册第1164～1165页1190辞条所引诸家论述。

② 李零《中国方术考（修订本）》，东方出版社，2001年，第190～196页。

六云

『有各云自东面母』卜辞

王占曰：有求（咎）。八日庚戌有各云自东面母；昃亦有出虹自北饮于⊠

121

六 云

商王武丁时期

《合集》10406

现藏于故宫博物院

辞语解析

各云自东面母　本辞是癸卯日占卜记录之占辞与验辞。占辞"王占曰：有求"，商王武丁视卜兆预判将有灾祸发生，而验辞"八日庚戌有各云自东面母"，则记载在占卜日癸卯后第八日庚戌日，有云自东面母之地涌出，为不祥之应验。

《周礼·春官·保章氏》曰："以五云之物，辨吉凶、水旱降丰荒之祲象。"又《春官·视祲》云："视祲掌十辉之法，以观妖祥，辨吉凶。"此皆后世古人以云气之形状、颜色判断吉凶。

商甲骨文中习见对"云"之祭祀，且尤为注重分辨云气之形状、颜色。如《合集》13399正"三䂞云"、《合集》33273"六云"，其他尚有"二云""三云""四云""五云"及"帝云"之称。[①] 而将上列商刻辞"各云自东面母"视为不详，无疑是后世观望云气形色，以辨吉凶之源。

卜辞大意

卜骨正反面布满契刻文辞，正面存33字，反面存17字，字口涂朱，内容是商王武丁时期一位名"㱿"的贞人分别于癸酉、癸未、癸巳、癸亥与癸卯五日所作的占卜记录，占问事项为卜旬，即占问在即将来临的十日之内是否将有灾祸发生。在这些占卜举行过程中，均是由商王武丁亲自视卜兆判断吉凶。据其中癸卯日占卜记录"验辞"，记载占卜日癸卯后第八日庚戌日有不祥之"云"出现。这是商人观望云气以判断吉凶的典型事例，也是后世此类占气术之源。

该卜骨与现藏于中国国家博物馆"王宾中丁"刻辞卜骨（《合集》10405正反）为"成套卜骨"，两者同文，并与现藏于上海博物馆一刻辞卜骨残块可以缀合。

甲骨卜辞菁华·气象篇

---

① 有关"云"之考释，可参见《殷虚卜辞综述》第574～575页；《甲骨文字诂林》第二册第1142～1149页1175辞条所引诸家论述；《甲骨学一百年》第596页；《商代宗教祭祀》第73～79页。

『庚子酚三蟊云』卜辞

正面

己亥卜，永贞：翌庚子酚□王占曰：兹隹（惟）庚雨卜之□雨。庚子酚三蟊云巤其□既祝，启。

反面

王占曰：兹隹（惟）庚雨卜

商王武丁时期

《合集》13399正反

现藏于北京大学赛克勒考古与艺术博物馆

辞语解析

永 字作"𠂤""𠂤"形。本辞"己亥卜，永贞"之"永"，是商王武丁时期一位贞人，职司王室占卜。商甲骨文中载有"永方"，是商代晚期方国之一，位于王畿东部，臣属于商王室，勤于贡纳等王事。①

三䖒云 "云"，字作"ᕲ""ᕲ"形，象云气翻卷之状。在商人祀典中，作为自然神祇之"云"，专司行雨，于农业生产及日常生活至为重要。② "三䖒云"，于省吾云："䖒即嗇，应读为色。嗇与色为双声迭韵字，三嗇云谓三色之云也。"又陈梦家曰："我们则读䖒为墙，假为祥，即祥云。"而刘钊则谓"三䖒云"，"当读作三牂云"③。"庚子酌三䖒云黹其☒既祝，启"，是该占卜记录之"验辞"；据本辞记载，庚子日对"三䖒云"举行酌祭，果然降雨，待告神之后，天空转晴。类此对于"云"之祭祀，殷墟出土甲骨文中习见，除本辞"三䖒云"外，又见"云""二云""三云""四云""五云""六云"及"帝云"之称。

"浴兰汤兮沐芳，华采衣兮若英。灵连蜷兮既留，烂昭昭兮未央。蹇将憺兮寿宫，与日月兮齐光。龙驾兮帝服，聊翱游兮周章。灵皇皇兮既降，猋远举兮云中。览冀州兮有余，横四海兮焉穷。思夫君兮太息，极劳心兮忡忡。"这是战国时期屈原所作《九歌·云中君》，是当时祭祀云神的乐歌。此"云中君"，见于《汉书·郊祀志》，亦即战国天星观楚简中之"云君"。而此云神之祭祀，无疑源于商人祀典。

祝 字作"ᘒ""ᘒ"形，象人跽跪告神之状。本辞"既祝"，意即祝告神灵之后④。

卜辞大意

卜骨正面契刻商王武丁时期一位名"永"的贞人于己亥日所作的占卜记录，字口涂朱，占问事项为拟定祭祀而祈雨。其中辞"己亥卜，永贞"，是记录该次占卜时间（己亥）与贞人（永），学术界称之为"叙辞"或"前辞"；"翌庚子酌"，为占问事项，学术界称之为"命辞"，占问次日庚子举行酌祭是否将会有降雨；"王占曰：兹隹（惟）庚雨卜之☒雨"，是依据卜兆而得出的判断，学术界称之为"占辞"，商王武丁预判：庚日将有降雨；"庚子酌三䖒云黹其☒既祝，启"，是占卜事后对于该次占卜是否灵验的追述补记，学术界称之为"验辞"，据本辞记载，庚子日对"三䖒云"举行酌祭，果然降雨，待告神之后，天空转晴。该骨反面现存刻辞，与骨正面"占辞"相同，可互为校勘。"庚子酌三䖒云"刻辞是一则较为完整的占卜记录，其中涉及商人对"云"的祭祀，殊为难得。

---

① 有关贞人"永"之研究，可参见《〈殷本纪〉订补与商史人物征》第545～548页；《甲骨文字诂林》第三册第2263～2269页之2309辞条与《甲骨文字诂林补编》第566～583页之2310、

2311辞条所引诸家论述。

② 有关"云"之考释，可参见《殷虚卜辞综述》第574～575页；《甲骨文字诂林》第二册第1142～1149页1175辞条所引诸家论述；《甲骨学一百年》第596页；《商代宗教祭祀》第73～79页。

③ 有关"䰞"之考释，可参见《甲骨文字诂林》第三册第1971～1974页2020、2022辞条所引诸家论述。

④ 有关"祝"之考释，可参见《甲骨文字诂林》第一册第345～349页与《甲骨文字诂林补编》第71～76页之0306、0310辞条所引诸家论述。

『侑燎于六云六豕』卜辞

丙寅贞：燎三小宰，卯牛【一】于□？ 三

丙寅贞：又（侑）升岁于伊尹二牢？ 三

丙寅贞：叀（惠）丁卯酚于□？ 三

丙寅贞：于庚午酚于□？ 三

丁卯贞：于庚午酚燎于□？ 三

戊辰卜：及今夕雨？ 三

弗及今夕雨？ 三

己巳贞：非囚？ 三

燎于岳，亡（无）从在雨？ 三

壬申贞：秦禾于河？ 三

癸酉卜：又（侑）燎于六云五豕，卯五羊？ 三

癸酉卜：又（侑）燎于六云六豕，卯羊六？ 三

商王武乙、文丁时期

《合集》33273，可与《合集》41660缀合，缀合版即《合补》10639

现藏于山东博物馆

辞语解析

秦禾 其他商占卜刻辞中或称"秦年"，意即祈求五谷丰收，是商人主要占卜事项之一。① 辞"壬申贞：秦禾于河"意即向"河"祈求五谷丰收。雨水与稼穑事关紧要，故如"癸酉卜：又（侑）燎于六云六豕，卯羊六？今日雨"所示，"祈雨"常与"秦禾"并行。

六
云

六云　本辞之"六云",为"祈雨"之神主。商人祀典中,作为自然神祇之"云",专司行雨,于农业生产及日常生活至为重要,故卜辞中习见"云"之祭祀。"六云"之外,其他商占卜刻辞中又见"三韕云""云""二云""三云""四云""五云"及"帝云"作为神主。本辞中,"豕""羊"为祭品,而"侑""燎"及"卯"则为祭法;且如本辞所载,"燎"是施于"云"之主要祭法。③

卜辞大意

　　卜骨正面契刻商王武乙、文丁时期丙寅、丁卯、戊辰、己巳、庚午、壬申与癸酉连续七日占卜记录,占问事项或为降雨,或为"秦禾",或为"祈雨"。本辞涉及神主、祭名及牺牲众多,是研究商人祀典的珍贵史料。④

---

① 有关"秦"之考释,可参见《甲骨文字诂林》第二册第1474~1477页 1533辞条所引诸家论述。

② 有关"燎"之考释,可参见《甲骨文字诂林》第二册第1466~1470页1526辞条所引诸家论述;《殷墟卜辞综述》第352页。

③ 此卜骨著录又见刘敬亭编著《山东省博物馆珍藏甲骨墨拓集》,齐鲁书社,1998年,第186页0853。

④ 有关"云"之考释,可参见《殷虚卜辞综述》第574~575页;《甲骨学一百年》第596页;《商代宗教祭祀》第73~79页。

七　易日

『翌乙未易日』卜辞

正面

甲午卜，亘贞：翌乙未易日？王占曰：㞢（有）求，丙其㞢（有）来媘（艰）！三日丙申允㞢（有）来媘（艰）自东；画告曰：儿☒　不舌黾

反面

乙未宜允易［日］☒

商王武丁时期

《合集》1075正反

现藏于辽宁省博物馆

辞语解析

易日 是殷墟出土甲骨文中占问气象之恒语。"易",郭沫若读为"晹",《说文解字》云"日覆云暂见也"。该种天气状况即日掩于云中,倏然可见。[1]

卜辞大意

卜骨正、反面契刻商王武丁时期由名"亘"与"㱿"的两位贞人分别于甲午日所作的占卜记录,占问事项为天气状况与祭祀。其中正面刻辞"甲午卜,亘贞:翌乙未易日",是甲午日占问次日乙未是否为有云覆日的天气;反面刻辞"乙未宜允易〔日〕",则是该占卜记录之"验辞",记载乙未日举行宜祭,果然"易日"。[2]

---

[1] 有关"易日"之考释,可参见《甲骨文字诂林》第四册第3382～3390页之3328辞条所引诸家论述。

[2] 此卜骨又见李海荣《释辽宁省博物馆藏的五版牛胛骨卜辞》,《辽海文物学刊》1992年第1期,第118～124页。

『翌辛丑易日』卜辞

乙〔巳卜〕，争∵翌丙午不其易日？

庚子卜，争贞∵翌辛丑易日？

辛丑卜，争∵翌壬寅易日？壬寅阴。

壬寅〔卜〕争贞∵〔翌〕癸〔卯易〕日？

商王武丁时期

《合集》13445

现藏于天津博物馆

辞语解析

壬寅阴　本辞"辛丑卜，争：翌壬寅易日？壬寅阴"，是贞人"争"于辛丑日所作的占卜记录，占问次日壬寅是否为有云覆日的天气。辞中"壬寅阴"，意为壬寅日天气为"阴"，是该次占卜记录之"验辞"。由此可知，商人对于"易日"与"阴"两种天气状况有着严格区分。

卜辞大意

卜骨正面契刻商王武丁时期一位名"争"的贞人分别于乙巳、庚子、辛丑及壬寅四日所作的占卜记录，占问事项均是占问次日是否为日掩于云中的天气状况。辛丑日占卜记录"验辞"，记载"壬寅阴"，即次日壬寅为阴天。由此可以进一步了解商人对"易日"与"阴"两种天气状况的区分。

『翌癸卯易日』卜辞

□
□〔壬寅卜〕，宾：翌癸卯易日？允易日。

□
〔癸卯卜〕，宾：翌甲辰启？□启。

□
甲辰卜，宾：翌[乙巳]□其

□宾□

□
[乙巳]卜，宾：□丙午其启？

□卜□启

□启

商王武丁时期

《合集》13074甲乙

现藏于德国柏林民俗博物馆

甲骨卜辞菁华·气象篇

辞语解析

宾 字作"宀"、"宀"、"宀"、"宀"形，会意主人在家迎接客人自外而来。商甲骨文中，"宾"或用作人名及地名，或用作祭名。本辞"壬寅卜，宾"之"宾"是商王武丁时期一位贞人，职司王室占卜事务。[1]

卜辞大意

卜骨正面契刻商王武丁时期一位名"宾"的贞人分别于壬寅、癸卯、甲辰与乙巳连续四日所作的占卜记录，占问事项均为占问次日的天气状况。其中壬寅日占问次日癸卯是否为"易日"；据该占卜记录"验辞"，癸卯日果然为"易日"。而癸卯日占卜则是占问次日甲辰是否将是晴天。由占问"易日"以至于占问"启"，可以帮助我们理解商人有关的气象术语。

---

① 有关"宾"之考释，可参见《甲骨文字诂林》第三册第2017～2030页之2065、2066辞条所引诸家论述；《字源》第572～573页。

『甲申卜：乙易日』卜辞

甲申卜：乙易日？
于乙酉征（延）雨？兹用。
　　　其雨？
乙未卜…衣祭不雨？
　　　不启？
乙未卜…今日启？
　　　乙不启？
　　　不启？
乙未□岁祖□三十牢□。兹用。羞册岁祭，雨？
不征（延）雨？
□大丁征（延）岐
允启。
不启？

商王武乙、文丁时期

《合集》33986

现藏于故宫博物院

辞语解析

乙　字作"ℓ""ℓ"形。在本辞"甲申卜：乙易日"中用于纪日，亦即占卜日甲申次日乙酉。类此以甲、乙、丙、丁、戊、己、庚、辛、壬、癸十天干分别纪日，在商甲骨文中较少使用。[①]辞"甲申卜：乙易日"，占问次日乙酉是否为日掩于云中的天气状况；辞"于乙酉延雨"，则是占问次日乙酉是否雨势连绵。

征雨　是殷墟出土甲骨文中占问天气状况之恒语。"征"即"延"，辞意可训为长，引申意为连绵、延续；"延雨"，意即雨势连绵。[②]"于乙酉延雨"，乃甲申日占问次日乙酉是否雨势连绵。

卜辞大意

卜骨正面契刻商王武乙、文丁时期甲申、乙未两日的占卜记录，占问事项均是为拟定举行祭祀而占问天气状况。其中乙未日占卜占问当日是否降雨，是否为晴日；而甲申日占卜则是先后占问次日乙酉是否雨势连绵，或是"易日"，亦即日掩于云中的天气状况。

---

① 有关商人纪日法，可参见《甲骨学一百年》第657~664页。

② 有关"延"之考释，可参见《甲骨文字诂林》第三册2230~2234页之2290辞条所引诸家论述。

『壬午易日』卜辞

丁丑卜：□丁祖一牢？

辛巳卜：王步，壬午易日？不易日？

辛巳卜：王步，乙酉易日？不易日？

壬午卜：王步，癸未易日？癸未不易日？□易日？

商王武乙、文丁时期

《合集》34010

现藏地不明

辞语解析

步 字作"𣥐"形，象左右两足前后相随，本义为行。辞"辛巳卜：王步……"中，"步"用作祭名，本辞以正反对贞的形式占问次日壬午商王将去"步"祭，是否为日掩于云中的天气状况。"步"用作祭名，亦散见于后世典籍。[①]《周礼·地官·族师》语"春秋祭酺"，东汉郑玄注云："酺者，为人物灾害之神也。

故书酺或为步。"又《夏官·校人》云"冬祭马步",郑玄注谓:"马步,神为灾害马者。"《大戴礼记·诰志篇》载:"天子崩,步于四川,代于四山",则祭川也谓"步";又《仪礼经传通解续》引《洪范五行传》"惟元祀,帝令大禹步于上帝,惟时洪祀六沴用咎于下",此"步"或即祈禳六沴之祀名。[2]凡此所述后世典籍中用作祭名之"步",有助于我们深入理解商甲骨文中祭名之"步"。

卜辞大意

卜骨正面契刻商王武乙、文丁时期丁丑、辛巳及壬午三日的占卜记录,占问事项为祭祀与天气状况。其中辛巳与壬午两日占卜记录均以正反对贞的形式,分别占问次日壬午、癸未及后日乙酉,商王将去"步"祭,是否将是"易日",亦即日掩于云中的天气状况。

① 有关"步"之考释,可参见《殷墟书契解诂》第149~150页;郭沫若《殷契粹编考释》第26页;《殷商贞卜人物通考》第1064页;《甲骨文字诂林》第一册第761~763页之0801辞条所引诸家论述。

② [清]孙诒让《周礼正义》,中华书局,2000年,第三册第878~880页、第十册第2616~2617页。

八、晕、虹

『丁卯晕』卜辞

丙寅卜，殼贞：翌戊辰王出？翌戊辰王勿出？翌甲戌其雨？翌甲戌不雨？翌己卯其雨？翌己卯不雨？丁卯晕？

商王武丁时期

《合集》974正

现藏于台北"中央研究院"历史语言研究所

辞语解析

晕 字作"⊡"形，象日之四周光气旋卷，该字即"晕"之初文。①

"晕"作为一种大气光学现象，现代"晕"成因原理认为：当日、月之光穿过位于六公里左右高空悬浮的大量各种形状或正六棱冰晶体薄幕状卷层云时，由于光在不同形状冰晶中反射、折射，从而形成不同形状的"晕"。中国古代对于日、月之"晕"，较早即开始观察、记载，如《吕氏春秋·明理》载，日"有晕饵"，月"有晖饵"；又《释名·释天》曰："晕，卷也，气在外卷结之也，日月俱然。"而战国时期魏人石申所语"日旁有气，员而周匝，内赤外青"，所述则更为生动形象。对于"晕"，古人或视为吉凶之征兆，如《周礼·春官·视祲》曰"视祲掌十辉之法，以观妖祥，辨吉凶"，郑司农云："辉谓日光气也。"其中既包含望"晕"以占验吉凶。《左传·昭公十五年》载，梓慎见"赤黑之祲"，曰："非祭祥也，丧氛也。"亦属此例。②

《汉书·艺文志》所录《汉日旁气行占验》《汉日食、月晕杂变行事占验》等典籍，惜失传于世。1973年长沙马王堆三号汉墓出土西汉帛书《天文气象杂占》，书中绘日、月晕图，是秦汉时期人们望晕以占验吉凶之图例。晋、唐之后，占晕之类书籍日渐弥多。

另一方面，缘于长期生产、生活实践，我们古人发现日、月之"晕"与"风""雨"两类气象之间分别存在密切联系，诸如"月晕知风，础润知雨"及"日晕三更雨，月晕午时风"，即为此类古老谚语。又唐《开元占经·月占篇》引黄帝占曰："月饵而冠者，天子大喜，或大风"及唐李白诗句"月晕天风雾不开"、孟浩然诗句"太虚生月晕，舟子知大风"，凡此所述均将"月晕"视作"风"之前兆，而"日晕"则为"雨"之先导。至于元代娄元礼《田家五行》"月晕主风，何方有阙，即此方风来"，更是将"晕"与"风""雨"之联系深入观察。③

上列"丁卯晕"辞中，"晕"与"雨"并举。其他如《合集》13409"酉晕延雨"、《合集》14153乙正"□未卜：翌壬帝□雨壬晕"与之类似。而如《合集》20984"□辛未□大令□晕风□"，则是"晕"与"风"同现。"晕"与"风"，"晕"与"雨"两类占卜刻辞所涉及之语境当如上述，是时人对于日、月之"晕"与"风""雨"两类气象之间密切联系之洞察。同时，细思"丁卯晕"辞，占问次日丁卯是否将发生"晕"之气象。而如卜辞《合集》13047"王占□其晕□"，则是商王对"晕"之发生予以判断。由此可以推知，商人对日、月"晕"之发生已有预测及判断，而此前提无疑是长期以来对于"晕"的细致观察及其发生规律的清晰认识。

卜辞大意

卜甲正反面契刻商王武丁时期一位名"殸"的贞人于丙寅、丙申等多日所作的占卜记录，凡数十条占卜刻辞，占问事项涉及气象、梦、五谷收成及祭祀等众多领域。其中丙寅日占卜主要占问未来数日的天气状况：甲戌、己卯两日是否将有降雨，次日丁卯是否将发生"晕"之气象。这些记载反映出长期以来由于对"晕"的细致观察及其发生规律的清晰认识，商人对日、月"晕"之发生以及"晕"与"风""雨"两类气象之间分别存在的密切联系已有预测及判断。

---

① 有关"晕"之考释，可参见《甲骨文字诂林》第二册第1095～1098页与《甲骨文字诂林补编》第320～322页之11371辞条所引诸家论述。

② 有关典籍中"晕"之记述，可参见清孙诒让《周礼正义》，第七册，第1979～1984页。

③ 王锦光、张子文《中国古代对晕的认识》，《自然科学史研究》第9卷第1期，1990年，第62～66页；李学勤《论帛书白虹及〈燕丹子〉》，《河北学刊》1989年第5期，第53～56页。

『晕延启』卜辞

□晕终□阴甲子□晕征（延）启□

商王武丁时期

《合集》13046

现藏于中国国家图书馆

辞语解析

征启 "启"，字作"𠬝""𠬜"形，象举手开窗之状，会意为"开"，引申意形容"晴"之天气状况；后"启"增加"日"符作"𣆏"，即"啓"，用以专名雨过天晴。"啓"，《说文解字·日部》曰："雨而昼姓（晴）也。"清段玉裁注云："雨而昼除，见日则谓之啓。"然而，稽考有关殷墟出土甲骨文，如《合集》30202"今夕啓"，可知"啓"亦可用以表示夜晚雨后天晴，辞义更为广泛。本辞"晕延启"之"启"虽残损，但与"晕""阴"两类天气状况同时出现，其意无疑表示雨后天晴。[①]"延启"，是殷墟出土甲骨文中占问天气状况之恒语，辞意晴日连绵。[②]

卜辞大意

卜骨正面契刻商王武丁时期的一条占卜记录残辞，虽无法通读完整辞意，但其中"晕""阴""启"，生动再现了"日晕出现—天阴降雨—雨后天晴"三种先后发生的气象状况。而正是基于对自然界各类气象的长期细致观察，商人对于日、月之"晕"的发生规律及其与"风""雨"之间的密切联系产生了清晰认识。

---

① 有关"启"之考释，可参见《甲骨文字诂林》第三册第2077～2083页与《甲骨文字诂林补编》第518页之2166辞条所引诸家论述。

② 有关"延"之考释，可参见《甲骨文字诂林》第三册第2230～2234页之2290辞条所引诸家论述。

『有出虹自北饮于河』卜辞

王占曰：有求。八日庚戌，有各云自东面母；昃，[亦]有出虹自北，饮于河。☑月。

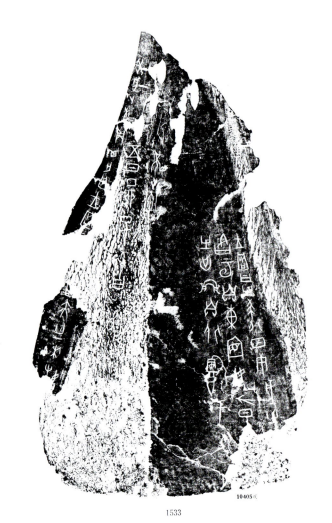

10405反

1533

商王武丁时期

《合集》10405正反

现藏于中国国家博物馆

辞语解析

求　字作"✦""⿳""⿳"形，象多足之虫。本辞"有求"之"求"读为"咎"，辞义灾祸，"有咎"意即将有灾祸发生。①

出　字作"⿺""⿺"形，足趾向外，会意出入之"出"。②本辞"有出虹自北，饮于河"之"出"，辞义出现。

虹 作为一种大气光学现象，是由日光照射雨滴发生折射及反射作用而形成的彩色圆弧，由外至内依次呈现呈红、橙、黄、绿、蓝、靛、紫七种颜色，并大多出现在雨后与太阳相对的方向。然而，商人对"虹"却有着另外一番认知。

"虹"，字作"🌈"形，状如两首之虫。[③]虹，《说文解字》云："状似虫。"又《山海经·海外东经》云"虹在其北，各有两首"。后世典籍中有关虹之描述，与商甲骨文中"虹"之形象正相契合。商甲骨文中"虹"，即虹之初文。

本辞是癸卯日占卜记录之"占辞"与"验辞"。其中"王占曰：有求（咎）"为"占辞"，是商王武丁视卜兆预判将有灾祸发生；"昃，〔亦〕有出虹自北，饮于河"为"验辞"，追述占卜日癸卯后第八日庚戌，正午过后太阳西斜之时，"虹"自北方出现，饮黄河之水。

"虹"，《尔雅·释天》又名"螮蝀""蝃蝀"，《释名·释天》曰："蝃蝀，其见每于日在西而见于东，啜饮东方之水气也。"又《太平御览》"十四天部"引《黄帝占军诀》语："攻城有虹从南方入饮城中者，从虹攻之，胜。"后世古人信以为"虹"自上降下饮水，与上列刻辞"有出虹自北，饮于河"所述情景相合。同时，古人多以灾祸附于"虹"之出现，如《逸周书·时训解》谓："小雪之日，虹藏不见。又五日，天气上腾，地气下降。又五日，闭塞而成冬。虹不藏，妇不专一；天气不上腾，地气不下降，君臣相嫉；不闭塞而成冬，母后淫佚。"《诗·鄘风·蝃蝀》句"蝃蝀在东，莫之敢指"，《晋书·隐逸传·夏统》云："昔淫乱之俗兴，卫文公为之悲惋；蝃蝀之气见，君子尚不敢指。"《太平御览》"十四天部"引《易通卦验》句："虹不时见，女谒乱公。"又引《春秋演孔图》语："霓者斗之乱精也，斗失度则投虹霓见。"《汉书·燕刺王旦传》记汉昭帝元凤元年（公元前80年）燕王旦谋反，"是时天雨，虹下属宫中，饮井水，水泉竭"。对此异象，吕广等人谓旦言："当有兵围城，期在九月、十月，汉当有大臣戮死者。"燕王旦忧恐，谓吕广等："谋事不成，妖祥数见，兵气且至，奈何？"凡此均为典籍所言虹霓出现，即预示灾祸之降临。上列刻辞"王占曰：有求（咎）"是占卜记录之"占辞"，商王武丁视卜兆预判将有灾祸发生，而"验辞"则以"有出虹自北，饮于河"作为不详之应验。由此可知，古人以灾祸附于虹霓至迟始于商代晚期。

饮 字作"🍶""🍶"形，象人俯首吐舌，就盛酒之器而饮之状。"饮"于商甲骨文中或如上列刻辞"饮于河"，用作本义；或在祭祀占卜刻辞中，用为祭名。[④]

河 字作"𠂤""𣲖"形，是"黄河"之专称。据商甲骨文记载，商王不仅命他人至"河"，涉"河"，而且亲自临"河"。"河"是商人祀典中最重要的神主之一，商人于"河"进行的"祈年""祈禾"最为频繁，超越其他神主。"河"亦常与"岳"并举，共同作为"祈年""祈雨"的主要神主。商甲骨文中所载对于"河"的祭祀，祭法多用"燎"，兼以"陷"与"沉"。《周礼·春官·大宗伯》云"以埋沉祭山林川泽"，此用于"山林川泽"之祭法——"埋""沉"，当因袭于上述刻辞所云于"河"之"陷""沉"。⑤

卜辞大意

卜骨正、反面契刻商王武丁时期一位名"殼"的贞人分别于"十月"癸酉、"一月"癸未、癸巳及癸亥、癸卯五日所作的占卜记录，字口涂朱，占问事项为卜旬，即占问在即将来临的十日之内是否将有灾祸发生。这些占卜在举行过程中，均是由商王武丁亲自视卜兆判断吉凶。据癸卯日占卜记录"验辞"记载，在占卜日癸卯日后第八日庚戌午后昃时，北方出现不详之兆的"虹"。

---

① 有关"求"之考释，可参见《甲骨文字诂林》第二册第1482～1496页与《甲骨文字诂林补编》第393～396页之1540、1541、1542辞条所引诸家论述。

② 有关"出"之考释，可参见《甲骨文字诂林》第一册第774～775页之0805辞条所引诸家论述。

③ 有关"虹"之考释，可参见《甲骨文字诂林》第四册第3445～3449页与《甲骨文字诂林补编》第874页之3358辞条所引诸家论述。

④ 有关"饮"之考释，可参见《甲骨文字诂林》第三册第2700～2701页之2730辞条所引诸家论述。

⑤ 有关"河"之考释，可参见《甲骨文字诂林》第二册第1281～1292页与《甲骨文字诂林补编》第348～350页1328辞条所引诸家论述。

149

简称	全称
《丙》	《殷虚文字丙编》
《补编》	《甲骨文合集补编》
《粹》	《殷契粹编》
《村中南》	《殷墟小屯村中村南甲骨》
《东京》	《东京大学东洋文化研究所藏甲骨文字》
《合集》	《甲骨文合集》
《后》	《殷虚书契后编》
《花东》	《殷墟花园庄东地甲骨》
《怀特》	《怀特氏等收藏甲骨文集》
《甲》	《殷虚文字甲编》

《戬》　　　　　　　《戬寿堂所藏殷虚文字》

《菁》　　　　　　　《殷虚书契菁华》

《库》　　　　　　　《库方二氏藏甲骨卜辞》

《明藏》　　　　　　《明义士收藏甲骨文集》

《前》　　　　　　　《殷虚书契前编》

《苏德》　　　　　　《苏、德、美、日所见甲骨集》

《天理》　　　　　　《（日本）天理大学附属天理参考馆藏品·甲骨文字》

《铁》　　　　　　　《铁云藏龟》

《屯南》　　　　　　《小屯南地甲骨》

《邺初下》　　　　　《邺中片羽初集下》

《乙》　　　　　　　《殷虚文字乙编》

《佚》　　　　　　　《殷契佚存》

《英藏》　　　　　　《英国所藏甲骨集》

　　每个人的记忆中，或许都会铭刻一些难忘的日子。2019年5月20日，我正式入职安阳师范学院历史与文博学院。背起行囊，离开曾学习、生活20余年的北京，告别培育我15年的中国国家博物馆，南下洹水之滨的安阳，虽有依依不舍，但更多是对未知的期待。漫漫人生，路向远方。选择来到安阳，原因之一是我计划对商王朝晚期都城遗址——殷墟进行详细的实地考察，并对近年殷墟出土青铜器、玉器等遗物进行深入的实物研究，以完成多年以来的夙愿。

　　2019年7月27日清晨，似梦似醒，接到通知：上午八时，到安阳师范学院文博北楼407室参加会议。会议期间，郭旭东院长让我全权负责"甲骨文虚拟仿真实验室项目"设计，仇利萍老师作为助手；当日傍晚，初步设计方案完成。7月29日，"甲骨文虚拟仿真实验室项目"顺利通过学校验收；8月，以我个人办公室——文博北楼525室为工作地点，指导北京润尼尔公司进行动画设计，历经数日，画稿初成；9月，成功获批"2019年度河南省虚拟仿真实验教学项目"；11月22日，"甲骨文虚拟仿真实验教学软件"取得国家专利；2021年5月11日，"甲骨文虚拟仿真实验教学课程"申报省级一流课程成功。在此期间，2019年9月，郭旭东院长让我独自负责安阳师范学院"殷商历史文化馆"展览大纲的内容与形式设计；2020年12月4日，全部设计完成。在进行上述两个项目的同时，2020年3月，接受中共河南省委外事工作委员会办公室委托安阳师范学院编撰《中华源·河南故事·殷商文化》分卷任务；5月7日，历史与文博学院开始策划"甲骨文与殷商文明研究系列丛书"《甲骨卜辞菁华》，我负责其中"气象篇"分卷编撰；截至8月中旬，《中华源·河南故事·殷商文化》分卷稿成；9月24日，《甲骨卜辞菁华·气象篇》分卷搁笔。

如上所述，入职安阳师范学院历史与文博学院两年之间，主要参与、主持的科研项目皆围绕殷墟出土甲骨文及与其密切相关的其他考古遗存，由此而投入这些领域的精力较以往更多。或因日思夜虑，间或顿生些许感悟：2020年1月6～8日，韩国釜山，参加由中国殷商文化学会、安阳师范学院历史与文博学院、中国历史研究院、韩国庆星大学韩国汉字研究所汉字文明研究事业团主办，韩国庆星大学韩国汉字研究所承办"纪念甲骨文发现120周年国际学术研讨会"，发表论文《商代的"犬"与"犬师"》，是对于商代"犬"官的重新认识；2020年11月5～7日，河南安阳，参加由中国殷商文化学会、重庆师范大学历史与社会学院、安阳师范学院历史与文博学院联合主办的"考古发现与夏商周三代文明学术研讨会"，发表论文《殷墟甲骨卜辞中"雨其惟霉""兹雨惟霾"正义》，是进行殷墟出土甲骨文中气象记录研究的一丝体会。

商代气候、动植物种群及具体气象状态，多年以来始终是我颇感兴趣的课题。在中国国家博物馆工作期间，因展览、课题需要，开始关注有关学术进展。2014年，我接受国家文物局聘请，独自承担国家文物事业"十三五"规划项目、国家文物局重点文化典籍工程《中国文物志·可移动文物》第七章"甲骨简牍、文献文书、符节印信"的科研工作，对10余类400余件（套）文字载体类国家一级文物进行深入研究，其中包括全国文物系统所藏百余件殷墟出土刻辞甲骨精华。2020年年底，《中国文物志·可移动文物》第七章"甲骨简牍、文献文书、符节印信"完成终稿，对殷墟出土甲骨文的认识较以往也更加全面、深刻。正是基于前期积累及兴趣，编撰《甲骨卜辞菁华·气象篇》分卷过程中亦时常伴随有阵阵愉悦。商"各云自北，雷"刻辞卜甲，现藏于台北"中央研究院"历史语言研究所，时代属于商王武丁时期，拓片著录于《甲骨文合集》21021："癸亥卜，贞：旬？一月。昃雨自東。九日辛未大采，各云自北，雷，延大風自西刺云，率雨□□□。"卜甲正面契刻商王武丁时期一月"癸亥"日举行的一次占卜记录，占问事项为卜旬，即占问在即将来临的"甲子""乙丑""丙寅""丁卯""戊辰""己巳""庚午""辛未""壬申"与"癸酉"十日之内是否将有灾祸发生。据该占卜记录"验辞"，即占卜事后对于该次占卜是否灵验的追述补记，在占卜日"癸亥"后第九日"辛未"之"大采"时段，乌云翻滚，自北涌来，继而电闪雷鸣，狂风自西大作，卷积乌云，霎时，雨倾泻而下。该"验辞"如实记述发生于商王武丁时期一月"辛未"日"大采"时段的一次风、雨、雷、电，全面生动，如临其境，对于河南安阳地区商代气候状况的研究极为重要。刻辞在我眼前形成的画面，令我心游良久，不断勾勒当时的气象状态，进而又漫无边际……驰目骋怀，是学术研究带给我的乐趣之一。

《甲骨卜辞菁华》作为安阳师范学院与甲骨文研究院策划的"甲骨学与殷商文化研究丛书"之一，集合数名作者，故编撰体例需相对统一、固定；如此，"气象篇"分卷并不能如我所愿，尽情发挥。2020年5月初，《甲骨卜辞菁华·气象篇》分卷开始着手编撰；9月24日，草成搁笔，至今已近8个月之久，期间数次修改稿草，并与文物出版社编辑沟通，力求在有限范围内，吸收最新学术前沿，客观、真实勾勒商代安阳地区的气象概况。而如实揭示殷墟出土甲骨文中的气象记录，前提当是对甲骨文字本身的正确释读以及对相关历史、气象科学知识的谙熟与阐释。惭愧于学力，展卷或视为无当，不妨学海倾洒云尔；学无止境，"苟日新，日日新，又日新"。

后
记

2021年5月27日晚，子云记于安阳师范学院文博北楼525室